小学校英語サポートBOOKS

小学校
英語
×
ICT

「楽しい!」を引き出す
活動アイデア 60

関西大学初等部
Apple Distinguished Educator
東口貴彰

明治図書

JN032730

はじめに

　いよいよ2020年度が始まり，小学校英語の学習が本格的にスタートしました。また，昨今 ICT を活用した効果的な学習のあり方についても求められ，戸惑われている先生もいらっしゃるのではないかと思います。

　英語と ICT を組み合わせた授業というのを皆さんはどのように想像されるでしょうか。「タブレットから流れる音声を聞いて Listening 力を鍛える」「タブレットに向かって英語を話し Speaking の練習をする」「デジタル英単語辞典で語彙を習得する」… 確かに英語系のアプリケーションの主流はこういったものが多いと思います。ICT を活用して英語の技能を伸ばすための様々なアプリケーションが，日々開発されています。

　しかし，これらはあくまで「英語の技能を伸ばすための自主学習のアプリケーション」であり，小学校現場で ICT を活用して英語の授業をするということとは区別して考える必要があります。

　小学校英語において最も大切とされているのは「コミュニケーション」です。英語がコミュニケーションをするための「言語ツール」であるのと同じように，ICT もコミュニケーションをより豊かにするための「ツール」の1つなのです。

　本書では，ICT ありきの英語の授業ではなく，コミュニケーションが豊かになり，そして何より「楽しい！」と思える英語の実践事例を紹介させていただきます。まずは先生方に，本書の事例を試していただき，楽しいと思えるものが1つでもあればそれをぜひ子どもたちにも体験させてあげてください。先生が楽しいと思う実践は，きっと子どもたちも楽しいと思うはずです。

　本書が少しでも，皆様のお役に立てることを願っております。

2020年6月

東口　貴彰

CONTENTS

25分〜35分で行う活動

40〜45分で行う活動

Chapter 3
ICTを活用した５,６年の活動アイデア

📱 **10分〜20分で行う活動**

📱 **25分〜35分で行う活動**

📱 1時間以上で行う活動

Column

Chapter 1

ICTで
子どもの「楽しい！」を
引き出そう！

小学校英語の授業で ICT を活用する… 「もしかして，PC やタブレット端末に話しかけたり，リスニング練習したりするのでは？」と思われる方もいるかもしれません。「PC に話しかけるより，友だちと英語を話す練習をした方がよっぽどコミュニケーション能力が身に付く！」という意見をおもちの方もいらっしゃるでしょう。

しかし，ここで私がお伝えしたいのは，「ICT はあくまでコミュニケーションを豊かにするためのツールの１つであり，それを活用することで，主体性や協働性がよりいっそう高まったり，創造性が育まれたりする」ということです。「PC やタブレット端末とコミュニケーションをとる」という安易な考え方ではなく，それらをどのように活用すれば，子どもたちが英語の授業にいきいきと取り組むことができるか… 私の経験をもとに，様々な実践事例を交えながら紹介させていただきます。

1　実現不可能な事が可能に！

紙と鉛筆でもできることをそのまま ICT に置き換えても，あまり意味はありません。授業作りにおいて，子どもだけでなく，教師にも創造性が求められます。

ICT を活用することで，紙や鉛筆では実現できなかった創造性溢れる授業をすることができます。例えば，実際にその国に行かなくてもその国を旅行したり，自分の憧れの人に変身することができたり，あるいは教室にいながら海外にいる友だちと交流したり…

教室という限られた空間の中でも，今まで実現できなかった様々なことが，ICTを活用するだけで実現可能になります。

　また，ICTを活用し世界観が広がることで，そこから英語を話す目的意識も高まり，子どもたちの授業に対する意欲にもつながります。

2 「没頭する」→「こだわる」→「見つめ直す」→「身に付く」

　ICTを活用し学びの幅が広がることで，子どもたちは学習に没頭し始めます。するとやがて子どもたちの中で「こだわり」が生まれてきます。

　例えば映像作品を作るときに「ここは伝わりにくいから写真を入れてみよう！」のような「伝える方法」だけでなく，「あ〜，"the"が抜けてるわ。もう一回やろう！」「いきなり会話だと不自然だからあいさつも入れてみよう！」「あいづちがないと会話っぽくないなぁ…」「顔が暗いからもっと笑顔で！」といったように，内容面においても子どもたち同士で議論を始め，自分たちで何度も何度も作品を見つめ直し，撮影をやり直します。

　結果として「何度も聞いて，何度も話す」を繰り返し，自然と英語表現が身についていくのです。

3 ICTを活用する事で自然に生まれる会話

　ICTを活用する事で直接的な会話練習が減るわけではありません。

　私が授業でICTを活用するうえで大切にしているのは，子どもたち同士の自然な学び合いです。ICTを活用する事で，コミュニケーションがより豊かになる実践でないと授業としては本末転倒です。

　そこで次の項では，英語の授業において，子どもの「楽しい」を引き出し，子どもたち同士のコミュニケーションがより豊かになるICTの活用方法について述べたいと思います。

小学校英語の授業において，子どもの「楽しい！」を引き出し，コミュニケーションを豊かにするためのICTの活用方法として，「提示ツール」「共有ツール」「発表ツール」「記録ツール」の4つと，海外と実際に交流するための「通信ツール」のあわせて5つに分類し，紹介していきます。

ツール1　提示ツールとしてのICT

まずは「提示ツール」としてのICT活用です。これは，主に教師がICT機器を活用して子どもたちに音声や文字・イラストなどの様々な情報を提示するための活用方法です。しかし，ただ拡大したものを見せて終わりということではなく，ICTを活用することで，様々な活動や場設定，課題提示につなげることができます。

1 効果的にインプットさせることができる！

フラッシュカードのような提示の仕方が最もわかりやすいでしょう。カードをスキャナーアプリなどで取り込んでおくことで，簡単に大画面で素早く絵カードを提示する事ができます。これは教師側にとって，印刷や拡大の手間が省けるというメリットもありますが，それだけではありません。Small

Talk の際に Keynote などのプレゼンアプリで写真や動画などを示したり，海外のドキュメンタリーやニュース番組から教材を見つけて提示したりすることで，子どもたちの英語に対する感覚を刺激したり，国際理解の学習に結びつけたりすることもできます。

　また，指導者が１人であったとしても，ビデオやアプリケーションを活用することで，会話のデモンストレーションをすることができます。

2 学び合いの場面を効果的に作り出せる！

　私はよく，教室のスクリーンだけではなく子どもたちが活用するタブレット端末の中にもイラストや音声・歌などを入れています。教師主導で活動を進めるのではなく，子どもたち同士でも英語に慣れ親しむ事ができるように，Keynoteや iBooks Author などで作成した音声つきのフラッシュカードを入れておくことで，子どもたちは自然とみんなで集まって輪を作り，英語が得意な子を中心にリピーティングしたり，タブレット端末を囲ってみんなで歌ったり踊ったりします。

3 楽しくアウトプットさせることができる！

　提示の仕方次第で，子どもたちは元気よく英語をアウトプットするようになります。例えば，画像を拡大縮小したり，上から黒の画像を貼り付けたりするだけでも子どもの知的好奇心をくすぐり，楽しんでアウトプットをすることができるようになります。

ツール2　共有ツールとしての ICT

　ICT を活用することで，友だちとの意見や作品の共有・共同作業などを容易にし，学び合いが促進されることにより思考を広げたり深めたりすることができるようになります。さらにそこから，自分の英語表現を見つめ直すきっかけにもなります。

1　自然な対話を生み出させることができる！

　子どもたちの一人ひとりの学びを全体で共有することで，話し合いが自然と活発になります。「話し合いましょう」とこちらが言わなくても，子ども
たちは主体的に話し合うのです。「どうしてこの子はこう考えたのかな？」と疑問を抱けば，直接その子のところに話しかけにいきます。

2　自尊心や他者意識を高めることができる！

　例えば「好きなこと」「得意なこと」「将来の夢」など，友だちがどんなことを英語で発表したのか，子どもたち同士ではとても興味のある事です。子どもたちには「自分のことをもっと知ってもらいたい」という願いと，「友だちのことをもっと知りたい」という思いが両立しています。ICT を活用し共有することで，特定の子だけでなく，クラスみんなのことを知ったり，逆にみんなに自分のことを知ってもらったりすることができるようになり，そこから他者意識が芽生えたり，自尊心が高まったりします。

3 主体性・協働性を活性化させることができる！

例えばクラスみんなで共有されたファイルを同時編集し，音声入りのデジタルクイズブックを作るなど，共同作業の場面を設定することで，「クラスみんなですごいものを作る！」という意識が高まります。共有ファイルだと友だちの作品や作業内容などをリアルタイムで知り，そこから刺激を受けて自分のページをより良いものにしたり，またアドバイスを出し合ったりと，クラスみんなが自然と主体的・協働的に活動をし始めます。

4 英語表現を見つめ直させることができる！

最も大切なのは，英語表現を子どもたち同士で見つめ直す場面です。共有する中で「あれ？○○くんの動画，"the" が抜けているよ！」と気づきすぐに教えにいくといった場面が自然と出てきます。教師が間違いを指摘するのではなく，子どもたち同士の学び合いから英語表現が磨かれていくのです。

5 海外を身近に感じさせることができる！

海外の小学校と交流する際，その小学校とファイルを共有しておくことで，自分たちが行っている活動の「先」を「見える化」したり，学習内容を共有して相手の小学校と授業の内容を並行して行ったりすることができるようになります。海外の子を身近に感じることで，より英語活動への意識が高まります。

ツール3 発表ツールとしての ICT

　ただ機械的に一人ひとりを教室の前に立たせて発表させると発表者はただただ緊張し，また発表し終わった子は最後の方になるとだんだん聞くことに疲れてきてしまいます（大人であってもずっと人の話をただ聞き続けることは疲れますよね）。しかし，ICT を活用し発表の仕方を工夫すれば，むしろ楽しく発表し，聞き手も食い入るように発表を聞けるようになります。相手に伝わる／相手が聞きたくなる発表ができる子どもたちにしたいですね。

1 英文の意味を理解させて発表させることができる！

　相手に自分の言いたいことを訴えかける際に効果的なものの 1 つにプレゼンテーションがあります。私が子どもたちに伝えていることは，あくまで主役は話者だということ。画面で伝えるのではなく「言葉」で伝えることが大切です。基本的にスライドで示すものは写真やイラストで，それを効果的なタイミングで出しつつ，興味をもってもらいながら言葉で伝えていきます。スライドに台本を入れることはしません。話している子にとって，それは一見難しいことと思われるかもしれませんが，何もなしで話すより，写真が数

枚あるだけで，それに関連した英語を話すことができ，かえって話しやすくなります。また，視覚情報と結びつけて英語を話せるようになるので，丸暗記でダラダラ英語を話すよりもはるかに英語表現の意味を考えて発表できるようになります。

2　リアリティから意欲につなげることができる！

　例えば，自分のおすすめの国を紹介する際，実際にその国に行って現地から魅力を伝えるということは，なかなかできません。しかし，ICT を活用することでそれも可能になります。グリーンスクリーンを用いてクロマキー合成ができるアプリケーションを使えば，あたかもその国に行ったかのような映像を撮影することができます。また，劇などをするときにも効果的。その場面に自分がいると実感するだけでも，子どもたちの英語学習への意欲が向上します。さらに，出来上がる映像作品へのこだわりから，何度も英語表現を練習しようとする姿へとつながっていきます。結果的に，練習を何度も重ねることで自信につながり，人前での撮影であっても恥ずかしがることなく，楽しんで英語を話せるようになります。聞いている子にとっても，クロマキー合成をしながらの撮影をスクリーンに投影しておくことで，退屈せず，食い入るように友だちの発表を聞こうとします。

3　主体的な発表につなげることができる！

　アプリケーションの中には，直感的に，しかも楽しく発表できるものがたくさんあります。そういった発表ツールを最終的には子どもたち自身が選択できるようにすることが大切です。ICT を活用することでアウトプットをするための手段が格段に増えます。しかし，それぞれの活動に対し，発表する方法を逐一教師が選んで与えるのではなく，子どもが自ら相手をきちんと意識し，より良い発表の方法を話し合いながら選択することこそ，豊かなコミュニケーションへの基盤となるのです。

ツール4　記録ツールとしての ICT

　写真を撮ったり動画を撮ったりすることができるのも ICT を活用するメリットの１つです。しかし，何でもかんでも撮影していては，データとして「記録」には残りますが，「記憶」には残りません。子どもたちが記録することで，それをきっかけに英語の学びに結びつくような活用をすることが大切です。写真や動画を撮ることを意識しすぎて，人の話を聞こうとしなくなっては本末転倒です。

1　教室にはないものを紹介させることができる！

　学びは教室の中だけにあるものではありません。教室の外にあるものから学びを広めることも１つの手段ですが，一人ひとりが探したり見つけたりしたいものは違います。そういった場合には，タブレットなどの写真機能が生きてきます。前項の「共有」と組み合わせることで，記録したものをみんなの記憶と結びつけます。例えば，学校内で色探しをしたり，アルファベット探しをしたり，様々な場面で「記録」が役立ちます。

2　自分の英語表現を見つめ直させることができる！

　自分の英語表現や発音，さらには目線や表情などを自分自身で気づくことはなかなかできません。また，自分の英語学習に対する成長を客観的に知ることも難しいです。そこで，単元の中で自分自身の英語を録音したり動画に

撮影したりすることで，改めて自分自身の英語を見つめ直すきっかけになり，そこから次の学習への意欲へとつながります。また，例えば外国に動画を送るなどの最終ゴールがある場合は，自分の英語を相手に客観的にみられることから，必然性をもって自分の英語表現を見つめ直し，改善しようとします。

3　ふりかえりから次につなげることができる！

　前項2とつながる部分ではありますが，発表を記録するのではなく，即興的なやりとりを記録することで，また違った視点が子どもたちから出てきます。例えば，外国の人たちを招待し，英語でやり取りをする場面をグループごとに記録します。その記録を見返すと，沈黙が多かったり，後から冷静になって考えると既習表現が使える場面があったりと，様々な反省点が出てきます。これを単元の最後にやってしまうと後悔しか残りませんが，単元の途中でこのような記録をしておくことで，次の活動に向けて使えそうな英語表現を子どもたち自身が精選したり，「こう質問されたらこう返そう」と自分なりに会話を持続させる方法を考えたりします。こういったことの繰り返しが，即興的なやり取りの場面でも臆しない態度へと結びついていきます。

4　デジタルポートフォリオとして活用できる！

　デジタルポートフォリオとして子どもたちの学びを蓄積していきます。ICTを活用することで，音声や動画を記録として残しておくことができます。自分の英語の技能の向上が単元ごと・あるいは1年を通して客観的に判断できるので，より正確に自己評価や分析ができます。また，指導者にとっても，評価をする際の判断材料の1つにすることができます。

ツール5　通信ツールとしての ICT

　ICT を活用する最大のメリットは，やはり「通信」ではないでしょうか。一昔前までは，外国の小学校などと交流するためにはとても大掛かりな準備や費用がかかりましたが，最近では FaceTime や Skype などのアプリと，通信速度・安定性の向上のおかげで，実質無料でとても簡単に交流ができるようになりました。英語を話す必然性として，実際に外国の子たちと交流することは大きな要素ですよね。ただ，この通信も，外国の人たちと交流するためだけではなく，他にもいろんな活用の仕方があります。

1　個人や小グループで海外とつながることができる！

　いわゆるテレビ電話の要領です。私は日本の大学に来ている留学生と定期的に交流する機会を設けていたのですが，毎回10人ほどの留学生を学校に呼ぶことはなかなかできませんでしたので，グループごとにそれぞれの留学生と FaceTime で交流をしました。もちろん実際に会えるに越したことはな

いのですが，これでも英語で話す必然性は十分にあります。むしろ，実際に会うよりはやや不自由な分，ジェスチャーではなく，言葉で伝えようと子どもたちは意欲的になります。

2　学校単位でつながることができる！

　相手の学校にも Wi-Fi が使える環境があれば，FaceTime や Skype を使

って簡単に交流することができます。Wi-Fi 環境がなくても，相手の先生がスマートフォンなどを持っていれば，実現可能です。それぞれのデバイスを教室にあるテレビやスクリーンに繋げば，リアルタイムで相手の国の子どもたちとやりとりができます。ずっとお手紙で交流していた外国の子どもたちがリアルタイムに画面に出てきて，こちらに"Hello."と言ってくれたとき，子どもたちにはとても大きな感動が生まれるだけでなく，今までの学習の成果をフルに生かし，必然性をもって英語を一生懸命話そうとします。

3　身近な友だちと気軽につながることができる！

　「目の前にいるんだったら，直接目をみて話せばいい」これはその通りです。私も必要がないのに ICT を活用することには意味がないと考えています。しかし，この「通信」で，あえて一定のコミュニケーション手段を減らすことで，英語の技能向上につながる実践もあります。例えば道案内の際，目の前の人に地図を見せて目的地までのルートを伝えるというシチュエーションであれば，子どもたちは地図を指差しながら，特にジェスチャーもいれて相手にわかりやすく伝えようとするでしょう。しかし，電話で道案内をするとなると，その手段は「言葉」に限定されたものになります。道案内される側も，視覚要素が全くないため，耳を頼りにするしかありません。つまり，コミュニケーション手段をあえて少なくすることにより，逆にコミュニケーションスキルを向上させるという目的でも，「通信」は大いに役立つのです。

Column
ICT を活用するという 「壁」をこえる

　新しいことを導入しようとすると，大人はどうしても抵抗感を抱いてしまいます。しかし，子どもたちは，日々の授業で新しいことにたくさん出合い，新しいことにチャレンジし，そこから創造性を発揮し学びを広げ，深めていきます。子どもは新しいことに躊躇しないのに，大人が躊躇してしまうのは，「失敗を恐れてしまう」からです。しかし，そもそも教育において「失敗」とはなんなのでしょうか。淡々と今までと同じことを繰り返し子どもに教えることが「失敗」をしない秘訣であるとするならば，とても寂しいことです。子どもが授業で笑顔になるには，**まず先生が常に新しいことにチャレンジし，楽しんで授業を考える**必要があります。

　「機器トラブルで，授業がスムーズにできなかったら困るので ICT は使いません！」私が前任校で受けもった教育実習生はそのように話していました。しかし，ICT を活用した授業と何度も出合い，その中で子どもたちがいきいきと楽しそうにコミュニケーションを図る姿を見た彼は，英語の授業において，ICT を活用した実践にチャレンジしました。

　一度チャレンジしてみることで，すぐに ICT に対する抵抗感はなくなり，むしろそのメリットから ICT を活用した様々な創造性豊かな授業を提案することができました。

　今までに築き上げてきたものに新しいものを加える必要がないと考える方もいらっしゃいますが，時代が変わると，子どもたちの考えもそれに伴って変化していきます。やはり**教師にも時代に合わせたアップデートが必要**なのです。

ICT を活用した教育実習生の授業

Chapter 2

ICTを活用した
3，4年の活動アイデア

写真を塗りつぶしておもしろクイズ！

果物・野菜シルエットクイズ

「聞くこと」

時　　間	15分
ICT 教材	写真アプリ（画像データを加工するアプリ）
英語表現	What's this? It's a 〜. Is it a 〜?　Yes, it is. / No, it isn't.

ねらい

・クイズを通して英語でやり取りをすることができる。

1 事前準備

　面白い形の野菜や果物を見たことはありませんか？それらの画像をiPhone 等の写真アプリの「マークアップ」という機能を活用し，上から色を塗ってクイズを作ります。

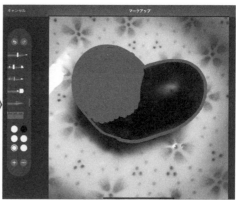

2　シルエットクイズを出題する（5分）

色を塗りつぶして作った画像を活用して，シルエットクイズを出題します。

①画像を見て何の野菜や果物かを考える。
②わかった場合は "Is it a ~?" と先生に尋ねる。
③わからない場合は "Hint, please." と言ってヒントをもらう。
④先生は，ヒントを尋ねられた場合は，色や形を "It's ~ ." のように伝える。

T　What's this?
C　Hint, please.
T　It's brown.
C　Is it a potato?
T　Yes, it is.

3　シルエットクイズ大会をする（10分）

慣れてきたら，先生役を特定の児童にかえて子どもたち同士でクイズ大会をします。

活動のポイント

マークアップを使うと，簡単に画像の加工ができます。Apple Pencil などのスタイラスがなくても，指で簡単に色を塗れるので，クイズ作成も簡単。タブレット端末に慣れている学級であれば，子どもたち同士でクイズを自由に作らせても面白いと思います。

2 拡大した画像でおもしろクイズ！

Zoom Up クイズ

「聞くこと」「話すこと（やり取り）」

時　間	15分
ICT 教材	Keynote
英語表現	What animal is this? It's a white ○○ (動物).

ねらい

・動物の色と名前を英語で言うことができる。

1　事前準備

　珍しい色の動物たちの写真でクイズ作りをします。今回は Keynote の「マジックムーブ」というトランジションを使って「Zoom Up クイズ」を作ります。このクイズはその名の通り，動物の一部を拡大した画像を見て，その動物が何かを当てるクイズです。作り方は以下の通りです。

①1枚目のスライドには動物の拡大した画像，その次のスライドには正解の画像を用意する（画像は同じものを使用する）。

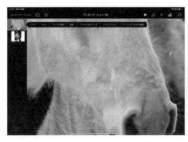 

1枚目　　　　　　　　　　　　　2枚目

②この2枚のスライドを「マジックムーブ」というトランジションでつなぐ。

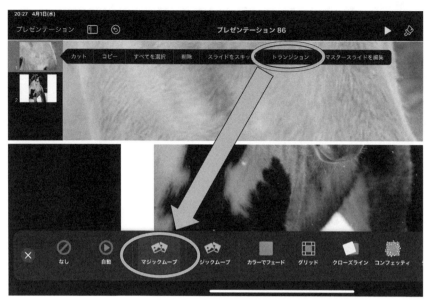

画像を簡単にズームアップ・アウトさせたりアニメーションを作ったりすることができる

２ Zoom Up クイズを出題する（15分）

拡大した画像を見せ，何の動物かを当てるクイズを出題します。

T　What animal is this?
C　It's a white horse.（わかった場合は"It's a 色 動物名."と答える）

活動のポイント

　今回の活動は色と動物の学習の導入の活動で行いました。実際に存在する珍しい色の動物を取り扱うことで，色にも動物にも興味をもって学習に取り組むことができます。また，このクイズもマジックムーブのやり方さえわかればすぐに作ることができるので，発展学習として子どもたちにクイズを作らせて，問題をお互いに出し合う活動を設定しても面白いですね。

3 色さがしに出かけよう

カメラを使って楽しく色紹介！

「話すこと（やり取り）」

時　　間	20分（色さがし）
ICT教材	カメラ（ビデオ）
英語表現	What color is it? It's 〜 .

ねらい

・見つけた色を英語で伝えることができる。

1 色を表す英単語や英語表現を振り返る

デジタルフラッシュカードなどを用いて，色の名前や相手に色を尋ねたり伝えたりする表現を復習する時間を設けます。

2 動画を撮影する方法を知る

学校中にあるたくさんの色を見つけてそれをビデオに収めるという活動をするために，そこで使う表現と撮影のサンプルを教師とALT（あるいは子ども）とでデモンストレーションをして伝えます。

T　What color is it ?
C　It's white.

3 色さがしに出かける (20分)

デモンストレーションを終えたら，4人グループで色さがしに出かけます。

①1人1色以上は伝えることが
　できるようにグループ内で撮
　影者と話者の順番を決める。
②制限時間内にたくさんの色を
　見つけて英語で伝えるビデオ
　を撮影する。

4 見つけた色をみんなで共有する

帰ってきたら，みんなで見つけた色を交流する時間を設けます。
①見つけた色を前のスクリーンに映して紹介し合う。
②撮影した動画を共有フォルダなどに入れ，みんなで鑑賞する。

T　What color could you find?
C　Red !

活動のポイント

　学校の中には様々な色が隠れています。それを見つけるだけでもワクワク
するのですが，ビデオ機能を活用することで，見つけた段階で英語を話さな
ければならなくなります。教師が全グループについていくことは不可能です
が，子どもたちがグループ活動で話していた英語を授業後に確認することも
できるので，評価の意味でもとても有効な手段と言えますね。

4 今何時!?

算数アプリで学びを楽しむ！①

「話すこと（やり取り）」

時　　間	10分〜15分
ICT 教材	今何時？（あそんでまなぶ！シリーズ）
英語表現	What time is it (now)? It's 〜 (o'clock).

ねらい

・時刻を英語で伝えることができる。

1 ルールを確認する（5分）

　今回は算数アプリを活用します。このアプリは時計の下に４つの選択肢が出てきます。ただこのアプリをやらせるだけでは全く英語の学習になりませんので，アクティビティのルールをきちんと伝えなければなりません。

T　What time is it now?
C　（表示された時計を見て）It's 6:55.

　子どもたちが声を合わせて答えた時刻の選択肢を先生はタップします。
　もし意見が分かれる場合は，子どもたちが考え直し，みんなが口を揃えて同じ時刻を答えるのを待ちます。また，必ず子どもたちの口元を見て全員がちゃんと英語を言っていることを確認してからタップするようにしてください。

030

２ 実際に「今何時？」を活用してアクティビティを行う（10分）

　　最初は１の通りゲームを進めますが，学級の実態に応じて「質問者役」と
「回答者役」のようにクラスを半
分に分けてやったり，子どもたち
のiPadにインストールしておき
グループ活動にしたりしても盛り
上がります。

①最初は，「やさしい」モードで "8:00" "10:00" のような「〇時」の部分
　だけのアクティビティを行う。
②慣れてくると子どもたちから「『ふつう』や『むずかしい』もやりたい」
　という意見が出てくるのでレベルを上げ，「〇分」の部分も含んだ問題を
　取り扱う。
※このアプリは無料版では１日にできる回数が６回と制限されています。
１回につき10問あるので６回分あれば十分ですが，何度も行いたい場合は有
料版にアップグレードされることをおすすめします。

活動のポイント

　　私は，英語の技能を上げるためのいわゆる「英語学習アプリ」というもの
はあまり授業では活用しません。それらを活用し，ドリル的な練習をタブレ
ット端末に向かって行うだけでは，肝心なコミュニケーションが不足してし
まいます。大切なのはそのアプリを活用して，コミュニケーションが豊かに
なるか，あるいは英語をもっとたくさん発話したくなるかです。今回は算数
のアプリを使った活動でしたが，どんどん難しいレベルにチャレンジし，結
果的に英語でたくさん時刻を発話することができました。

5 「トマト」を逆さから読むと…？

文字と音の学習

時　　間	20分
ICT 教材	逆再生 − 録音した音を逆再生（音声を逆再生するアプリ）
英語表現	文字と音の学習のため主要な英語表現はなし

ねらい

・日本語と英語の文字と音の違いから，どうして「トマト」を逆再生しても「トマト」にならないのかを考えることができる。

1 知っている逆さ言葉をみんなで共有する（2分）

　「トマト」のような逆さから読んでも同じになる言葉を子どもたちが考え，共有する時間を設けます。

　（Ex）「しんぶんし」「たけやぶやけた」…etc

2 逆再生アプリに「トマト」と録音して逆再生する（3分）

　子どもたちに「『トマト』と録音して逆再生するとどうなると思う？」と問いかけてみます。すると子どもたちは何の疑いもなく「『トマト』になる！」と言います。しかし逆再生すると「おたもっ」になってしまいます。ここで大切なのは子どもたちに逆再生するとどのように聞こえたかを尋ね，その

通りに板書することです。

※納得するまでやらせてあげてください。

※逆再生にして聞こえた言葉をそのまま板書します。

3 逆再生が異なって聞こえる理由を考える（10分）

　ここでたくさん子どもたちに思考させてあげてください。3年生だとローマ字を知っているので，ローマ字に置き換えて逆さまに読んでみると，「おたもっ」になるということがわかる子がしばらくすると出てきます。子どもたちの考えを板書して整理してあげることで，母音と子音の関係や，アルファベットの文字と音の認識につながっていきます。

C　ローマ字にすると"tomato"だから，逆から読んだら"otamot"だから「おたもっ」になる！

C　最後の"t"には"aiueo"がないよ？

C　あ！だから「おたもっ」のように最後に少し音が入っているんだ！

4 英語での逆さ言葉について考える（5分）

　"mom"のように，日本語で読むと逆さ言葉にならない言葉でも，アルファベットの並び的には逆さ言葉になっているものを同じように発音してみて逆再生してみます。ALTがいる場合には録音してもらい，逆再生をしてみます。すると，逆再生しても"mom"に聞こえるので，子どもたちから歓声が上がります。

活動のポイント

　ローマ字も英語も同時に楽しく学べるアクティビティです。アルファベットの「音」に自然に着目することができるので，ぜひやってみてください。

6 逆再生で「新聞紙」にするには…？

文字と音の学習

時　　間	20分
ICT 教材	逆再生 － 録音した音を逆再生（音声を逆再生するアプリ）
英語表現	文字と音の学習のため主要な英語表現はなし

ねらい

・逆再生して「新聞紙」になるように英語の音に気をつけて発音をする
　ことができる。

1　前時の学習のふり返りをする（5分）

　「トマト」を逆再生するとどのような発音になるか，もう一度考える時間
を設けることで，前時のふり返りをする時間を設けます。

2　正しく逆再生する方法を考える（10分）

　前時と同様に「新聞紙」を逆再生するとどうなるか，みんなで考える時間
を設けます。前回の気づきから子どもたちは新聞紙をローマ字に直して逆さ
から読もうとしますが「あれ？ローマ字読みできない」といったつぶやきが
出てきます。

　今回は "sh [ʃ]" の音は 1 音として考えるので，逆さ文字にすると以下の
ようになります。

<u>sh</u> <u>n</u> <u>bu</u> <u>n</u> <u>shi</u> → i <u>|sh|</u> nu b ni <u>|sh|</u>

3 子音だけの音に着目し発音の仕方を確認する（5分）

　子音の音をみんなで発音練習する時間を設けます。子音の音をしっかりと発音することができれば，逆再生するときれいに「新聞紙」に聞こえるようになります。

　私は授業の最後に ALT にも録音してもらいましたが，この段階で ALT による録音の時間を設けて聞かせることで，子音をきれいに発音したいという意欲にもつながります。

📌 活動のポイント

　普通にアルファベットの音を認識させるためにただ Phonics などをさせても，本当にその発音があっているのか自分で判断することはできません。しかし，この逆再生を活用することで，子音をきちんと発音できていればきれいな日本語に聞こえるので，発音が正しいかどうかを子どもたち自身で判断することができます。実際，ALT のきれいな発音で逆再生すると，とてもきれいな日本語の「新聞紙」に聞こえました。きれいな英語の発音ができれば，きれいな日本語に聞こえる…　そこがまた面白いところです。

7 全部でいくつ？

「話すこと（やり取り）」

時　　間	10分〜15分
ICT教材	全部でいくつ？（あそんでまなぶ！シリーズ）
英語表現	How many blocks? / 数字

ねらい

・ブロックの数を英語で伝えることができる。

1　ルールを確認する（3分）

　時計の時（p.30）と同様，算数アプリを活用します。このアプリは重ねて積まれたブロックがいくつあるかを答えるというものです。

T　How many blocks（can you see）？
C　3 blocks!!!（ブロックの数を数えて英語で数字を大きな声で答える）

　声を合わせて子どもたちが答えた数字を入力します。意見が分かれる場合は子どもたちが考え直し，みんなが口を揃えて同じ数を言うのを待ちます。
　また，必ず子どもたちの口元を見て，全員がちゃんと英語を言っていることを確認してからタップするようにしてください。

2 アプリを活用してアクティビティを行う （12分）

　　最初は１の通りゲームを進めますが，学級の実態に応じて「質問者役」と「回答者役」のようにクラスを半分に分けたり，子どもたちの iPad がある場合はインストールしておき，グループ活動にしたりしても盛り上がります。

①最初は，「やさしい」モードでアクティビティを行う。
②慣れてくると，子どもたちから「『ふつう』や『むずかしい』もやりたい」
　という意見が出てくるので，レベルを上げてアクティビティを行う。
※こちらも，無料版では１日にできる回数が６回と制限されています。１回につき10問あるので十分だと思いますが，何度も行いたい場合は有料版にアップグレードされることをおすすめします。

Let me see…….

1・2・3・4・5・6・7，

7！！！！

 ## 活動のポイント

　　中学年の子どもたちにとってはやや易しい算数ゲームですが，そこに，習ったばかりの英語という要素が合わさることで，中学年の子たちにとってちょうど良い難易度となり，みんな一生懸命考えようとします。アクティビティを設定する際は，適度な困難度があった方が子どもたちはより「主体的に考える」ようになります。

共有フォルダでつながろう！

「聞くこと」

時　　間	20分
ICT教材	写真アプリ（画像データを共有するアプリ）
英語表現	I get up at 〜. I eat breakfast at 〜. …など

ねらい

・オーストラリアの友だちの一日の生活について聞き取ることができる。

1 事前準備

　本校では，オーストラリアの子どもたちと1対1でペアを組みながら年間を通じてお手紙での交流をしています。手紙交流を続けている中で自分たちの書いた手紙が相手の子に届く瞬間や，読んでくれている最中の様子，感謝の言葉などをリアルタイムでやりとりするのには限界があったので，オーストラリアの先生と写真共有フォルダを作り，そこにお互いの子どもたちの様子やメッセージを送り合っていました。今回はそのフォルダを使った実践です。

　この共有フォルダに，オーストラリアの子どもたちが1日の生活の様子について紹介した動画を入れてもらいます。毎回授業の最初にランダムで動画を流し，それをListening教材として扱っていました。

② 一日の生活についての英語表現をふりかえる（10分）

　1日の生活については歌やチャンツに加え，右のようなワークシートを活用し，4人グループで学習していました。

①1人が発表者となり7つある項目のうちの4つの時刻を伝え，残り3人がそれをワークシートに書く。
②残りの3つの項目について，それぞれ1人1つずつ時刻を質問する。
③発表者は質問に答え，残りの3人はその時刻をワークシートに書き込む。

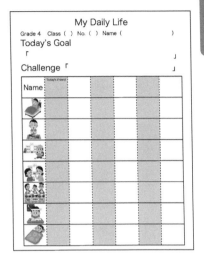

③ オーストラリアの友だちの生活を聞き取る（10分）

　毎回の授業でランダムに2～3人のペアの子のビデオを流し，聞き取った内容をワークシートにまとめます。終わった後にはオーストラリアの子どもたちの日本語版"My Daily Life"の動画を流して答え合わせをします。

活動のポイント

　この実践を行う際は，オーストラリアでの日本語の学習とカリキュラムを合わせていました。オーストラリアの子たちも日本語で1日の紹介をするという単元をしていましたので，その子たちが日本語で頑張って伝えようとする姿を見て，子どもたちも英語で伝えようという意欲が出ていました。また，デジタル教科書などに収録された英語と違う，リアルな英語のスピードや発音などを体験することができます。やや聞き取るのは難しいですが，相手意識がある分，とても意欲的にListeningしようとします。

自分たちの英語を見つめ直そう！

「聞くこと」

時　　間	20分
ICT 教材	写真アプリ
英語表現	I get up at 〜. I eat breakfast at 〜. …など

ねらい

・自分の英語をふりかえって次の活動に生かそうとすることができる。

1　活動概要

"My Daily Life" という単元にお
いて，オーストラリアにいる協力校の
子たちに「1日の生活」についてのビ
デオを送ることを最終の目標にしてい
ました。その途中で，英語表現を定着
させるため，サプライズで大学にいる
留学生にきてもらい，即興的に「1日
の生活」を伝える場面を設けまし
た（p.58『FaceTime でつなが
ろう！』も参照してください）。
この活動では，自分たちが留学生
とやりとりをしているところをグ
ループごとに iPad で撮影させて
いました。これは，私自身が子ど
もたちの即興性を見取りたかったという評価の意味合いもあったのですが，

もう１つの理由は子どもたち自身が自分たちの今の英語の力を自己評価することができるからです。即興的な場面はその場ではなかなか客観的に見つめることができませんが，ビデオに撮影しておくと，後から容易に振り返ることができます。

2 自分の英語を話す姿を見てふりかえりをする（20分）

　ビデオを見ることで子どもたちは「この時はこの表現だった…」「あ，I get up at ～. の"at"が抜けてる…」のようなKey Sentencesに関する気づきだけでなく「留学生が話してばかりであんまり英語を話せてないな」「留学生が自己紹介しているときにもう少し相槌をうてばよかった」「あ，その時はよくわからなかったけれどこんなことを質問されていたのか！」というふりかえりも出てきます。このように，客観的に自分たちの姿を見つめ直

すことで，次の学習に生かそうとする姿勢が生まれます。「留学生と会えて楽しかったな」だけで終わるのではなく，この活動をふりかえり次にどのように生かせるかが大切になってきます。

📌 活動のポイント

　ICTを活用することで自己評価や友だち同士の相互評価が容易になります。また，教師側も後で子どもたちがどのようにコミュニケーションをとっていたのか，英語表現はどの程度定着しているのか，即興的なやりとりはどのくらいできているのかなどを一人ひとり把握できます。もちろんスピーチを映像作品として残しておくことも大切ですが，なかなか即興的なやりとりをしかも同時に全員見取ることは不可能です。そういったときにICTを活用するメリットが生まれてくるというわけです。

デジタル絵カードで手軽に活動！

10 絵カードで曜日 STEP！

「聞くこと」「話すこと（やり取り）」

時　　間	20分
ICT 教材	写真アプリ
英語表現	What day is it today?

ねらい

・友だちに英語で曜日を伝えることができる。

1　事前準備

子どもたちの iPad に "Sunday"～"Saturday" までの絵カードを入れておきます。

2　"Sunday Monday Tuesday" を歌う（3分）

とても有名な曲ですが私はこの歌を歌う際，それぞれの曜日の頭文字のアルファベットを形で表現してそれをふり付けにしています。

3　グループで曜日を英語で言う練習をする（5分）

絵カードを使ってグループ練習をします。グループによって，歌ったり，手を叩きながら復唱したりと方法は様々で構いません。

4　曜日 STEP をする（12分）

リレー形式で曜日の練習をします。クラスを3つのグループに分け，それぞれのグループの前にクッションを7つ並べた状態でゲームを始めます（ここはクラスの実態に合わせて下さい）。

①1列でスタートラインに並ぶ。
②1人目はタブレットを持って，7つのクッションの先に移動する。
③1人目が曜日絵カードをスワイプしながら2人目（列の先頭）に示し，"What day is it today?"とたずねる。

④2人目は示された曜日を"It's Sunday."のように文として答え，1つずつクッションをジャンプで渡っていく。
⑤7つ言い終わったら1人目からタブレットをもらい，今度は示す側に回る。

⑥これを繰り返し，最後に1人目がジャンプで全ての曜日を言い終わったら終了。

活動のポイント

　グループごとにカードを準備するのは大変であるという教師側の課題と，大きな絵カードをフラッシュカード形式で素早く示すことが難しいという子どもたちの課題を，両方ともICTを活用することで解決できます。特に子どもたちの視点では，スワイプという簡単な動作で絵カードをめくることができるので，操作で戸惑うことが少なく，純粋にサクサクと英語のアクティビティを楽しむことができます。

11 デジタル仮装で Halloween

画面上で仮装ができる!?

「聞くこと」「話すこと（発表）」

時　　間	10分〜15分
ICT 教材	Selfish-Funny Face Masks などの合成アプリ
英語表現	Who am I?　I'm a 〜.

ねらい

・英語を使って世界の文化に慣れ親しむことができる。

1 事前準備

　今回は Halloween の活動の導入部分で行ったものです。

　事前にクラスの子や学校の先生に合成アプリを使ってデジタル仮装をし，声を変えて自己紹介をしてもらい，それをアプリ内の録画機能で撮影しておきます。

2 Halloween のモンスターの名前を知る（5分）

　"I'm a witch." "I'm a ghost." のように，"I'm a 〜." という文とセットでモンスターの名前を練習します（ここは Repeating やキーワードゲームなど，学級の実態に応じた活動を行ってください）。

3 "Who am I" クイズをする（10分）

事前に撮影しておいた動画を流し"Who am I"クイズを行います。

①デジタル仮装ビデオを見る。

②モンスターが言っている英語をヒントに仮装しているのが誰かを答える。

③仮装していた子に登場してもらい，もう一度映像で言っていた英語を話させて，話していた内容をみんなで共有する。

Hello.
I'm a Jack-o'-
Lantern.
I like ～. / I can～.
などの既習表現

※ちなみに高学年では学校中の先生たちに校舎内で仮装して待っていてもらい，"Trick-or-Treating"を行います。"Trick or Treat"というだけでなく，仮装した先生たちと既習表現で英語のやり取りをし，クリアできたらステッカーをもらうというものです。

活動のポイント

　実際に仮装をさせてこの後 Trick or Treating を行ったのですが，導入段階においてわざわざ仮装をいろんな人にしてもらうのは大変。しかし，アプリを使えばよりバラエティに富んだ，リアルな仮装をすることができます。録画もアプリ内でできるので，他にもいろんな活用ができそうですね。

12

かんたんデジタルワークシート

感情を一言で表してみよう！

「話すこと（やり取り）」

時　間	30分〜35分
ICT 教材	Keynote,（写真アプリ）
英語表現	How are you? I'm 〜.

ねらい

・感情を英語で伝えることができる。

1　デジタルワークシートを配布する（5分）

　今回使用するデジタルワークシートの作り方はとても簡単です。感情の名前の上に任意の画像（「？」マーク等）を挿入して「プレースホルダーとして設定」をタップし，動画を張り付けるスペースを作ります。子どもたちは，そのプレースホルダーの「＋」ボタンをタップして動画を撮影するだけで，簡単に動画を貼り付けることができます。

2　感情を表す動画を作成する（30分）

　全部で12個設定した感情表現の動画を集める活動を設定します（クラスの実態に応じて数を設定してください）。

①アクティビティの Sentences を確認する。
②ペアをどんどん変えながら動画の撮影を行う。

【ペア探し】

A　Are you hungry?

B　Yes, I am.

A・B　Let's make a movie !

【動画撮影】

B　Oh...

A　How are you?

B　I'm hungry...

A　Let's go to the restaurant !

　まだワークシートの中で埋められていない感情を選んで相手に尋ね，Bの子は必ず "Yes, I am." と答えるように伝えます。そして2人で Let's make a movie! と言ってから動画撮影の活動に移ります。

　撮影したい感情を "Oh" などの表現とジェスチャーを使って精一杯表現するところから動画の撮影をスタートします。会話の終わりは，Bの答えに合わせてAが即興的に言うように伝えます。

活動のポイント

　デジタルワークシートを活用すると，メモやサインではなく相手とのやり取りがデータとして残るので，後に自分で自分の英語を振り返ることができます。

　また，友だちの演技が図鑑のようにいつでも見られるのでとっても楽しいです。たくさん動画を集めたくなるので，子どもたちに撮影時間をたっぷり設けてあげてくださいね。

13

描いた絵がクイズになる！

17秒で描ける!?うろおぼ絵クイズ

時　　間	30分
ICT 教材	メモ（お絵かきができるアプリ），タイマー
英語表現	What animal is it? It's a 〜.

ねらい

・友だちが描いた動物を英語で言うことができる。

1　動物の名前の英語を復習する（5分）

　まずは動物の名前を復習します。フラッシュカードを事前にタブレットなどに取り込んでおくことで，子どもたちに提示しやすくなります。

　Repeating は単語単体だけでなく "It's a lion. It's a panda." のように，文のまとまりで繰り返し練習することで定着しやすくなります。

2　みんなで「うろおぼ絵クイズ」をする（10分）

　私がこの実践をしたときは，17秒で出たお題の絵を描く「うろおぼ絵」というアプリケーションがありましたが今はダウンロードができません（お題も自ら作成することができるものでした）。しかし，メモなどの，イラストを手描きできるアプリとタイマーを Split View で並べて表示すれば，同じように活動ができます。

①代表者が１人，前に出てきて先生か
　らお題（動物名）を教えてもらう。

②17秒以内にその動物のイラストを描
　く。

③ 代表者は他のみんなに向かって
　"What animal is it?" と尋ねる。

④ みんなで "It's a 〜." と答える。

3 　学級の実態に応じてグループ活動を行う（15分）

①４人グループを作る。

②１人目がイラストを描いて質問し
　残りの３人は答える。

③終わったら２人目がイラストを描
　く。

　４人目が終わって時間が余ったら，
　また１人目に戻って繰り返しゲー
　ムをやってもよいことを伝える。

活動のポイント

　17秒以内というのが子どもにとってちょうどよい時間だと思います。時間
制限があることで「イラストを描く」という英語の発話とは直接関係ない時
間を短くすることができるだけでなく，イラストの完成度からもクイズにす
るにはちょうど良いレベルとなります。ジェスチャーゲームなどと違って，
みんなの前でリアクションをするのが恥ずかしい子でも気軽に参加できるの
で，こちらの方がクラスみんなで盛り上がることができます。

14 友だちになりきって自己紹介！

「話すこと（やり取り）」「話すこと（発表）」

時　間	30分〜35分
ICT 教材	Photo Speak（アプリ）
英語表現	What ○○ do you like? / What ○○ can you play?

ねらい

・友だちへのインタビューで知ったことをもとに，友だちになりきって自己紹介をすることができる。

1 友だちにインタビューをする（10分）

　友だちに「好きなもの」や「できること」などを "What color do you like?" "What sport can you play?" など，今までに学んできた表現を使ってインタビューをし合う活動を設定します。

2 友だちの写真を "Photo Speak" に取り込む（5分）

　インタビューをした相手の写真を "Photo Speak" というアプリで取り込み，録音の準備をするように伝えます。

3 友だちになりきって自己紹介をする（15分）

　インタビューをした相手の紹介だと，普通は "He" や "She" を用いますが，このアプリケーションを活用することで，その本人になりきることが

できるので，主語が"I"でも不自然にはなりません。また自分のことではなく，相手になりきるので，事前のインタビュー活動で友だちとのコミュニケーションをしっかりとしておく必要感が生まれます。

①ペアの子にインタビューした内容をもとに，その子になりきって英語で自己紹介をする。
②録音できたら動画を書き出して写真フォルダに入れる。
③共有フォルダに出来上がった動画を入れて，みんなで相互鑑賞をする。
※共有の仕方はロイロノートなどの共有アプリを使っても構いません。出来上がった子から，どんどん共有ファイルを見て友だちがどんな英語を話しているのか，たくさん聞けるようにしてあげてください。

📌 活動のポイント

　インタビューをした相手の紹介だと普通は"He"や"She"を用いますが，アプリケーションを活用することでその本人になりきることができるので，主語が"I"でも不自然にはなりません。
　この活動内で疑問文を使って「やり取り」をした後，録音という形で「発表」もするので，たくさん発話する時間を確保することができます。

15 お店やさんを開こう！

時　　間	30分〜35分
ICT 教材	レジごっこ（アプリ）
英語表現	How much is it ? It's ○○ yen.

ねらい

・英語を使って買い物をすることができる。

1　数字についての復習をする（5分）

　まずは数字の復習をします。私は，YouTube チャンネル "The Singing Walrus-English Songs For Kids" にある "Number song 1-20 for children" などの歌を使って楽しく数を数える活動を設定しました。

2　ワークシートの使い方を知る（5分）

　アプリ「レジごっこ」では，QR コードをカメラで読み取ると「ピッ」という音が鳴り，値段を示してくれます。ワークシートに最初から値段が書いてあっても面白くありませんが，「レジごっこ」で実際の買い物場面のように「ピッ」とすることで値段がわかるので，子どもたちはしっかりとお店役の子に英語で尋ねる必要があります。なお，値段があらわれる QR コードの作り方については，p.68の「Let's go shopping!」でお伝えさせていただき

ます。

3 役を分けてリアル買い物ごっこをする（20分）

　今回私は100以上の数字までを既に授業で扱っていたので「円」にしましたが，もし小さな数でこの活動を進めたい場合は「ドル」にすることで可能になります。そうすることで，１〜２桁の数字だけで活動ができます。

①ペアでお店でのやり取りの練習をする。

②店員役とお客さん役に分かれて買い物ごっこをする。

※１人につき１つの果物しか買えないことは事前に伝えておいてください。

C 1　May I help you ?

C 2　Apple, please. How much is it ?

C 1　It's 50 yen. Here you are.

C 2　Thank you !

活動のポイント

　今回はこちらが用意したワークシートを活用した事例ですが，この活動をした後，子どもたちに「自分たちのお店を作りたい！」という気持ちが芽生えたため，次の活動として，子どもたちにもQRコードを作らせてグループごとにいろんなお店をする，「Let's go shopping!」の活動を設定しました。

16

宝石を交換しながら交流できる！

トレジャーハンターになろう！

「話すこと（やり取り）」

時　　間	20分〜25分
ICT 教材	写真アプリ, AirDrop
英語表現	Do you have 〜? Yes, I do. / No, I don't.

ねらい

・英語で友だちの持っているものをたずねることができる。

1 事前準備

　子どもたちが使うデバイスにランダムにいろんな色の宝石の画像を1枚だけ入れておきます（合計7色用意しました。ちなみに宝石は procreate というアプリで描きましたが，メモアプリなどでイラストを作ることも可能です）。

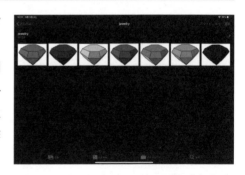

2 やりとりの練習をする（5分）

　教師と ALT のデモンストレーションを聞き，やり取りの練習を行います。

C 1　Do you have a red card（jewelry）？

C 2　Yes, I do. Here you are. ／ No, I don't.

C 1　Thank you.

※今回に限ったことではありませんが，デモンストレーションにはKey
Sentencesに加え，挨拶やあいづち表現なども豊富に入れるようにして
ください。

3 トレジャートレーディングゲームをする（20分）

2のやり取りを使ってトレジャート
レーディングゲームをします。カード
のように交換していくのではなくAir-
Drop機能を使うので，どんどん宝石
コレクションが増えていく活動になり
ます。全部で7種類の色があることを
事前に子どもに共有しておいてくださ
い。

①自分が欲しい色のカードについて友だちにたずねる。
②相手が持っていればAirDropで送ってもらう。
※7色のカードが集められた児童にはたとえ同じ色であってもたくさんコレ
クションを増やしてもいいことを伝えてあげてください。

活動のポイント

「集める」という要素は子どもたちにとってとても魅力的なことです。また，
今回のような活動ではICTを活用しなければ，教師側も膨大な数のカード
を用意しなければなりません。子どもにとっても教師にとってもICTを活
用するメリットがある活動ですね。
私はiCloudで共有フォルダを作り，それぞれの色のフォルダにランダム
に児童用端末のApple IDを紐づけておきましたが，一つひとつのデバイス
にそれぞれAirDropで送ってもそれほどの手間ではありません。

17

手軽に図鑑を共有！

動物図鑑をコンプリートしよう！

「話すこと（やり取り）」

時　間	30分
ICT教材	Keynote
英語表現	I have 〜. I'm 〜.（体のパーツ・色・形など），Are you a 〜？

ねらい

・友だちの考えた動物クイズの内容がわかり，それに対して英語で質問
したり答えたりしている。

1　事前準備

　この学習までに，自分がなりきりたい動物のイラストを１枚描いておきます（簡単なもので構いません）。そのイラストはクリアフォルダに入れ，黒い画用紙を裏側に入れるなど，他の友だちには見えないようにしておいてください。また，その動物になりきって"3 hints"クイズを作成しておきます（実態に応じてヒントを増やしても構いません）。今回の単元では"Body Parts"がKey Wordsですので，動物の体の特徴に加え，既習事項の色や形などを使いながら"Who am I"形式で３つのヒントを作っておきます。

2　デジタル動物図鑑の使い方を知る（5分）

　Keynoteを用いたデジタル図鑑を子どもたちに配布しておきます（AirDropやスクールワークなどを利用）。デジタル図鑑の中には，クラスの人数分の画像貼り付けスペース（イメージギャラリー）を用意しておきます。子どもたちが貼り付けスペー

スの「＋」をタップして写真を撮影することで図鑑を埋めていくというもの
です。

3 クイズを出し合いながら図鑑を埋める （25分）

クイズを出し合いながらコミュ
ニケーションをとった子の動物の
写真を撮影し，図鑑を埋めていき
ます。図鑑を埋める基準はクイズ
に正解したかどうかではなく，あ
くまで何人とクイズを出し合えた
かです。

①クイズを出し合う。
②答えが "Yes, I am." でも "No, I'm not." でも写真を撮って図鑑を埋める。
③お互いにクイズを出し合ったら別の子を探す。

C 1 I have long ears. I am white. I am small. Who am I ?
C 2 Are you a rabbit ?
C 1 Yes, I am.

📌 活動のポイント

友だちとのコミュニケーションに，図鑑を完成させるという要素が合わさ
ると，より子どもたちの活動に対する意欲が向上します。サインをワークシ
ートに書いてもらうのもいいですが，友だちが描いたイラストで図鑑が埋ま
っていくと，とても嬉しくなります。

活動としてはアナログと同じでも，ICT を活用することで，子どもたちの
心をくすぐる楽しい実践にすることができます。

時　　間	30分
ICT 教材	FaceTime，Skype などのビデオ通話アプリ
英語表現	学級の実態に応じて

ねらい

・FaceTime を用いて外国の人と英語でコミュニケーションをとることができる。

1 　FaceTime で外国の人たちと交流する（30分）

　英語表現については，学級の実態に応じた活動内容で構いません。私の場合は自己紹介と，今までに学習した疑問文を用いた質問の２つをベースに交流をしました。日本にもたくさんの外国の方がいらっしゃいますが，私は大学に来ている留学生との交流を計画しました。とはいえ，１人ではなく，４人グループに１人の少人数での交流です。最終的には学校に来てもらい交流をしたのですが，頻繁に全員が揃って学校に来ることはなかなか難しいです。そこで，FaceTime を用いての交流をすることになりました。

①FaceTime をする前に自己紹介で自分の言いたい英語を考える。
②学級全体で，今までの学習をふりかえり，相手に質問できそうな疑問文をみんなで出し合う。
③FaceTime で相手に電話をかける。
④順番に自己紹介と質問をしていく。

⑤自己紹介と質問タイムが終わったら，フリートークをする。

2 サプライズ登場

　これは1とは別の日になりますが，実際に留学生が学校に来て交流日よりも前にサプライズ登場してもらいました。普通に授業している間に隣の教室に待機している留学生たちが画面に映している iPad に FaceTime でテレビ電話をします。テレビ電話越しに英語でやりとりをした後，"Why don't you come here?" と言ったところで "Sure!" と言い，留学生が実際に登場するという演出をしました。サプライズ登場をしてもらうことで，心構え

なしに即興で英語で対応する力が試されます。子どもたちは喜びと同時に，今までに練習してきた力をフルに生かして，英語で留学生とやり取りをしていました。

活動のポイント

　FaceTime を活用すれば，教室にいながら少人数で外国の方々とお話をすることができます。外国の方々との交流はどうしてもセッティングが大変で，一度きりの交流になってしまうことも少なくないですが，このように ICT を活用することによって相手がどこにいてもお話をすることができます。
　Skype など別のビデオ通話ができるアプリを使用しても問題ありません。

19 オリジナルキャラクターがしゃべりだす!?
This is my Character !

「聞くこと」「話すこと（やり取り）」

時　間	45分
ICT 教材	Photo Speak（アプリ）
英語表現	Hello. My name is ～.（実態に応じて I like～. など）

ねらい

・キャラクターになりきって英語で自己紹介をすることができる。

1 事前準備

　iPad のメモ機能などを使って自分だけのオリジナルキャラクターを描きます。紙に描いた後にカメラで取り込んでも問題ありません。なお，アプリの特性上，目を開け，口は閉じた状態の絵を描くように伝えてください。"Please draw a character with eyes open and a mouth closed." のように英語で指示すると，体を表す英語表現の導入にもなります。

2 自分のキャラクターの特徴を考える（20分）

　自分の作ったキャラクターの名前を考えます。

①あいさつ・キャラクターの名前を考える。
② "Hello." "My name is ～." に当てはめて英語に直す。
③他に英語で伝えたいことを考える（好きなもの・できることなど）。

　クラスの実態に応じてそのキャラクターの好きな色や好きな動物などを入れてもかまいません。子どもたちの「これも英語で言ってみたい！」という

気持ちを優先させてあげてください。

3 オリジナルキャラクターの紹介をする（25分）

"Photo Speak"にキャラクターの画像を取り込み，そのキャラクターになりきって自己紹介をします。

①アプリにキャラクター画像を取り込み，目と口の位置を設定する。
②練習した英語を「録音機能」を使って録音する。
③動画として書き出し，友だち同士で共有する。

> Hello. My name is Denta.
> I like trains. Goodbye.

児童作品例　　　　　　　　　　　　交流の様子

活動のポイント

　自分の自己紹介の練習を続けるのもいいですが，いずれマンネリ化してしまいます。そこで，しゃべるオリジナルキャラクターの自己紹介をする活動にしたことで，子どもたちは楽しみながらどんどん自分のキャラクターに英語を話させるようになりました。友だちがどんなキャラクターを作ったのか，聞くことに対しても意欲が生まれます。

20

動きと音のある絵本
デジタル絵本を作ろう！

「聞くこと」「話すこと（発表）」

時　間	40分
ICT教材	Puppet Pals/Keynote　など
英語表現	Brown bear, brown bear, what do you see?

ねらい

・オリジナルのデジタル絵本の中で，自分が描いた動物の名前と色を英語で言うことができる。

1　"Brown bear, brown bear what do you see?" を聞く（5分）

　授業の最初に絵本の読み聞かせを行います。この絵本には，いろんな色の動物たちがたくさん出てきます。この絵本の続きを考えてデジタル絵本を作るという活動を提示します。

2　好きな色の動物の絵を描く（10分）

　好きな色の動物の絵を描く時間を設定します。紙に描かせても，メモアプリやロイロノートスクールなどを使って描かせても構いません。今回の活動はたくさんの動物の名前を覚えることが目的ではないので，子どもたちが描きたい動物を描かせてあげてください。

3 台詞の練習をする（15分）

4人グループで "Brown bear, brown bear what do you see? I see a red bird looking at me." という台詞の下線部をオリジナルの動物名に変えて英文の練習をする時間を設定します。

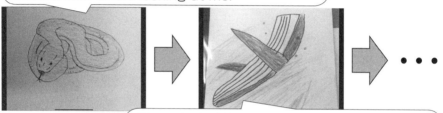

> Green snake, green snake, what do you see?
> I see a blue whale looking at me.

> Blue whale, blue whale what do you see?
> I see a black and white zebra looking at me.

4 写真を取り込み台詞を録音する（10分）

Keynote に写真を取り込み，録音する時間を設定します。動きをつけたい場合は PuppetPals HD というアプリでデジタル絵本を作らせたり，ロイロノートスクールなどで絵をつなげたりすることも面白いでしょう。

 ## 活動のポイント

この活動をすると，「この動物って英語で何ていうの？」「恐竜も入れたいな！」等，楽しみながら興味をもっていろんな英単語を知ろうとします。あくまで英語活動がメインなので絵はあらかじめ描かせておいても構いません。

21

調査結果をグラフに表す！

持ち物調査をしよう！

「話すこと（やり取り）」

時　　間	45分
ICT 教材	Keynote/ Numbers （どちらでも可）
英語表現	Do you have ～? Yes, I do. / No, I don't.

ねらい

・友だちの持っているものを英語でたずねることができる。

1 事前準備

　今回の活動では Keynote か Numbers を使います。どちらでもグラフ作成ができるので，使い慣れているものを子どもたちに使わせてあげて下さい。アクティビティの前に持ち物調査として尋ねたいものを考えさせます。今回はクラス全体のうち，どれぐらいの人数がその尋ねた物を持っているのかを調査する活動を行います。

2 やりとりの練習をする（5分）

　教師と ALT のデモンストレーションを聞き，やり取りを練習します。

A　Do you have a ～?　　**C**　Yes, I do. / No, I don't.

　※子どもたちが挨拶やあいづち表現にも着目できるようにしてください。

3 持ち物調査をする（25分）

　2のやり取りを使って持ち物調査をする時間を設けます。調査の際に全員

の名前と Yes/ No を書くことができる
調査用紙（ワークシート）を配ってくだ
さい。

①ペアを見つける。
② "Do you have a ～?" と調査したい
　ものを持っているかどうかをきく。
③相手が "Yes, I do." と答えれば「○」, "No, I don't." と答えれば「×」
　をワークシートに書き込む。
④新たなペアを見つける（これを全員にインタビューできるまで続ける）。

4　グラフを作って共有する（15分）

　Keynote か Numbers を使って Yes と No の数を入力し, 円グラフを
作る時間を設けます。

①調査した内容をグラフにまとめる。
②出来上がったグラフをスクリーンショッ
　トし, 共有する。
③調査結果を報告する。
　（Ex）"20 students have iPads."

活動のポイント

　クラスの実態調査をすることで, クラス全員とコミュニケーションを図る
必然性が生まれます。何度も同じ表現を繰り返し使う活動ですが, 目的意識
があり, また自分の本当に調査したい物について尋ねているので, 飽きるこ
となく楽しみながらクラス全員と英語で会話できます。定着ができ, かつ必
然性もあるという意味でとても有効な活動であるといえます。

22

音楽と動画で楽しく踊る！

Hello Song のふりつけを考えよう！

「話すこと」

時　　間	40分〜45分
ICT 教材	ミュージック（音楽再生アプリ），（写真アプリ）
英語表現	Hello. How are you? I'm fine.

ねらい

・"Hello Song" の意味を考えてグループで協力してふりつけを考える
ことができる。

1 みんなで "Hello Song" を歌う（5分）

　まずは学級全体で "Hello Song" を歌います。3年生の英語の導入期に
歌うにはちょうどよい難易度ですので，ぜひ毎時間の最初に歌わせて慣れ親
しませてあげてください。

2 グループで "Hello Song" のふりつけを考える（30分）

　みんなで "Hello Song" のふりつけを考える時間を設けます。

①4人グループに分かれる。
②"Hello Song" を何度も聞き，協力してふりつけを考える。
※子どもたち用のタブレットがあれば，"Hello Song" を事前に入れておく
　ことでグループ活動がよりしやすくなります。
③できたグループは動画にふりつけを保存しておく（歌はアカペラでも構い

ません）。

3 "Hello Song" のふりつけを発表する（10分）

グループで考えた "Hello Song" のふりつけを全体の前で発表します。

私の実践では動画の撮影を行いましたが，それはあくまで後でふりかえりをするためのものです。実際にみんなの前でふりつけを発表した方が盛り上がります。

活動のポイント

CD をかけて行うことも可能ですが，提示ツールとして既にタブレットを活用されているのであればいちいち機器を切りかえる必要がないので，タブレットから音楽を聴かせた方が効率的です。また，発表の段階においては動画を見せるのではなく，やはり実際にその場で演じてもらった方が子どもたちは盛り上がります。「何でもかんでも ICT を活用する」のではなく，学習に効果的かどうかを見極める必要がありますね。

23 バーコードでリアルショッピングモール！
Let's go shopping！

「話すこと（やり取り）」

時　　間	40分〜45分
ICT 教材	レジごっこ（アプリ）
英語表現	How much is it? It's ○○ yen.

ねらい

・英語を使って買い物をすることができる。

1 事前準備

　どんなお店を開き，どんな商品を並べたいか，それぞれの値段はいくらかを決める時間を設けておきます。事前準備の段階で，QR コードを作成できる Web ページで商品名と値段が表示できる QR コードを作らせておきます。QR コードは【https:www.cman.jp/QRcode/】などで作成できます。「商品名　スペース　半角数字　円」の順で文字を指定すれば「レジごっこ」に対応した QR コードが作成できます。

2 ペアでお店でのやり取りの練習をする（5分）

A　May I help you?

B　This one, please. How much is it?

A　Oh, this book? It's 50 yen. Here you are.

B　Thank you.

068

3 店員役とお客さん役に分かれて活動する（35分）

　いろんなお店に行って自分の好きなものを買いに行く活動をします。15分〜20分ごとに役割を交代しながら行います。お金をこちらで用意しておくのもいいですし，私は iPod touch の電卓機能を使い，電子マネーで購入する方式にしました（最初に1000と電卓に入れておき，買い物するたびに品物の金額を引き算していく）。

 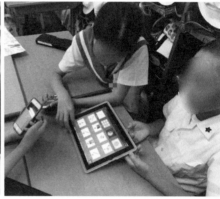

活動のポイント

　自分たちのお店を開くという活動をすると，やはり子どもたちは何を売るのかをまずは一生懸命考えます。商品の種類や数については，学級の実態に応じて設定してください。

　お客さん役が "This one, please. How much is it?" と尋ね，店員さん役は "商品名？ It's ～ yen." と答えるというふうにしておけば，お客さん役は商品の名前を英語で言えなくても会話が成立します。つまり，この活動では自分が売りたいものを英語で言うことができれば問題ないということになります。今回の場合は子どもが本当に英語で言いたいものをなるべく言わせるため，あまり表現の幅に制限をかけないほうがよいと思います。

24

ぬり絵からイラストがとびだす!?

とびだすぬり絵を作ろう

「話すこと（やり取り）」

時　　間	40分
ICT 教材	Quiver-3D Coloring App（アプリ）
英語表現	What color do you like? / Sure. などのあいづち表現

ねらい

・英語でやりとりをしながら，友だちが気に入る「とびだすぬり絵」を作ることができる。

1 事前準備

　Quiver-3D Coloring App の公式サイトにある "COLORING PACKS"（http://www.quivervision.com/coloring-packs/）より，塗り絵を印刷します。この塗り絵は，AR 技術により，アプリを使うことでとびだす仕掛けがあります。塗り絵にはキャラクターなどでゲームをしたり，生き物を観察したり，世界地図を作ったりといろいろなものがあるので，英語以外の場面でも活用できます。今回はキャラクターのものを選択し，塗り終わった後，友だちとゲームをする中で即興的な英語表現を使う場面を設定します。

2 友だちの好みの色を聞きながら塗り絵をする（25分）

　事前に印刷をした塗り絵を子どもたちに配り，友だちに Key Sentence を使って好みの色を聞きながら色塗りをします。なるべくやり取りを多くするため，2人で1セットの色鉛筆を使うようにし，"Can I use a red pencil?" のように聞き合いながら活動を進めるように伝えます。

① "What color do you like?" と聞きながら相手が気に入る塗り絵を作る。
②色鉛筆を使うときは必ず相手に "Can I use a red pencil?" "Yes, you can." のようにやりとりをしながら活動を進める。

3 塗り絵のアクティビティをする（10分）

塗り絵によってできるアクションが異なります。出来上がった塗り絵がとびだすだけでとても嬉しいものですが，そこから即興的な英語表現をどんどん使ってゲームを楽しむ時間を設けます。

①アプリ "Quiver-3D Coloring App" を使って塗り絵を取り込む。
※共有の際に使うので，スクリーンショットを撮るように伝えて下さい。
②英語表現を使ってペアの友だちとアクティビティをする。

4 出来上がった塗り絵の紹介をする（5分）

出来上がった作品を全体に共有します。

C 1 What color is it ?
C 2 It's blue ！

活動のポイント

今回は AR を使った実践です。AR を使った実践の中にも種類は様々ありますが，今回はそもそも「とびだす」という要素が子どもたちの意欲を刺激します。友だちに色塗りしてもらえたキャラクターがとび出して，英語でおしゃべりしながらアクティビティ。とっても盛り上がりますよ。

25

カメラを使ってアルファベットを表現！

体 de 作ろう Alphabet！

（アルファベットの導入）

時　間	40分
ICT 教材	カメラ
英語表現	Could you take a photo? など（実態に応じて）

ねらい

・アルファベットの形に気をつけて体で表現することができる。

1　アルファベットを体で表現し撮影する（25分）

　今回の活動はグループで行います。私の場合は４人でグループを作り，１人が撮影，残り３人で体を使ってアルファベットを作るという形にしました。

　すべてを作るのは時間がかかるので，各グループに作る文字を割り当てクラスのみんなで26文字全てを作るというミッション形式で課題を与えても構いません。

①指定されたアルファベットを体で表現する方法を各グループで考える。

②撮影役の子は，アルファベットの形を意識して残りの３人に指示をする。

③アルファベットを作る際どうしても人手が足りない場合は他のグループに英語で助けを求める（"Could you take a photo?" "Please help us." など学級の実態に応じて）。

2　アルファベットクイズをする（10分）

　出来上がったアルファベットの画像を共有フォルダに入れるように指示します。ロイロノートなどの共有アプリがあれば，そういったもので共有しても構いません。また，クイズの際もアルファベットの形を意識させ，わかりづらい部分や間違っている部分があればそれらも共有し，写真を撮り直す時間を設けてもよいでしょう。

①アルファベットクイズをする。
②みんなで出来上がったアルファベットの形を審査する。

What alphabet is this?

This is "B".

3　アルファベット表を完成させる（5分）

　みんなで撮影したアルファベットの画像を A〜Z まで並べ替え，アルファベット表を作成します。作成自体は先生が行いますが，アルファベットの順番などは子どもたちと一緒に考えて作成するようにします。

活動のポイント

　共有ソフトなどを活用することで授業内ですぐにアルファベット表を完成させることができます。体で表現することで，アルファベットの形をしっかり意識して活動することができますよ。ちなみに私は3年生では大文字，4年生では小文字を作る活動をそれぞれ設定しました。

26

写真を組み合わせておもしろ名ふだ！

アルファベット名ふだを作ろう！

（アルファベットの導入）

時　　間	45分
ICT教材	写真アプリ，カメラ
英語表現	アルファベットの学習のため，なし

ねらい

・自分の名前に含まれるアルファベットを探すことができる。
・身近にたくさんのアルファベットがあることがわかる。

1　自分の名前のアルファベットを確認する（5分）

　今回は，ローマ字の学習と並行で行いました。まず，自分の名前をローマ字で紙に書かせ，自分の名前に含まれるアルファベットを確認する時間を設けます。

2　アルファベット探しに出かける（30分）

　私が実践した時は校外学習で，街中にあるアルファベット探しにしましたが，学校内でも十分にできる活動です。身近にどれぐらいアルファベットがあるのかを知ることと，自分の名前に含まれるアルファベットを探し出すことが目的ですので，今回はあえて大文字小文字の指定はしませんでした（大文字小文字を判断させると，名前によっ

ては全て見つけることができない子も出てくるので）。

①名前に含まれるアルファベットを探す。
②見つけたらそのアルファベットを写真に撮る。

3 名札を作って共有する（10分）

　Keynote で撮影したアルファベットをトリミングし，並べ替えて名札を作る時間を設けます。さらに，名札が出来上がったら共有させます。

①写真をトリミングする。
②正しい順序にアルファベットを並べ替える。
③出来上がったらスクリーンショットを撮り，名札画像を作成する。
④出来上がった写真を共有する（共有フォルダなどにアップロードする）。

📌 活動のポイント

　アルファベットは身近なところにたくさんあふれています。そのアルファベットをたくさん写真で集め，名札を作成します。自分の名前に含まれるアルファベットを探すという活動設定があるからこそ，みんな一生懸命に探します。時間に余裕があれば，アルファベット全て（大文字・小文字も指定）を探す活動を設定しても面白いと思います。ただ，アルファベット表や絵カードでは面白くないので，英語の授業とは全く関係のないポスターなどから探すように子どもたちに最初に伝えてください。

27

見つけた形を写真で共有

形さがしに出かけよう！

「話すこと（発表）」

時　　間	45分
ICT 教材	カメラ（ビデオ）
英語表現	What shape is it? It's a 〜.

ねらい

・見つけた形を英語で伝えることができる。

1 形に関する英語の歌を歌う（5分）

　この単元の間，YouTube チャンネル "Pinkfong! Kids' Songs & Stories" にある "Shapes Are All Around" "Shapes Circus" "Dancing Shapes" という3つの曲をずっと歌っていました。どれもとてもノリノリの曲で，子どもたちに聴かせたところ，3曲とも歌いたいということだったので，ずっと練習させていたのですが，それで一気に形に関するボキャブラリーが増えました。

2 カメラのビデオ機能を確認する（5分）

　学校中にあるたくさんの形を探してビデオに収めるという活動をするため，そこで使う英語表現を，教師と ALT とでデモンストレーションをして子どもたちに伝えます（私は "It's a yellow circle." のように色と形をセットで見つけるミッションにしました）。

3 形さがしに出かける（25分）

　4人グループで形さがしに出かけます。1人1色以上は伝えることができ

るように，グループ内で撮影者と話者の順番を決めさせます。制限時間内にたくさんの形を見つけてビデオを撮影するように伝えて下さい。

It's a red circle.

4　見つけた形を共有する（10分）

　帰ってきたら，みんなで見つけた色を交流する時間を設けます。教師は "What shape could you find?" とたずね，子どもが見つけた形を答えさせてください。

①見つけた色を前のスクリーンに映して紹介し合う。
②撮影した動画を共有フォルダなどに入れみんなで鑑賞し合う。

📌 活動のポイント

　今回は，算数科の図形の学習と合わせて行いました。学校の中には色んな形が隠れています。p.28「色さがしに出かけよう」と同様にビデオ機能を活用させることは，教師が全グループについていけない状況であっても授業後に子どもたちがグループ活動で話していた英語を確認することができ，評価の意味でもとても有効な手段と言えます。子どもたちにとっても，ビデオにしておくことでいつでも見返すことができるので後でふりかえりがしやすいですね。

28 形を組み合わせてできるかな？

「話すこと（やり取り）」「話すこと（発表）」

時　　間	40分〜45分
ICT 教材	写真，ロイロノートなどの共有アプリ
英語表現	Do you have a circle（形）? This is 〜. ○○, please.

ねらい

・友だちに自分が欲しい形を持っているかどうか，英語で尋ねることができる。
・自分が作った作品に使った形を，英語で紹介することができる。

1 事前準備

「円」「三角形」「星」「ハート」「ダイヤ」「長方形」「正方形」「楕円」の8種類の形カードを作成しておきます。この際，ペアで1つのカードセットを使いますが，わざとそれぞれの形を少なめに用意するようにします（ここはデジタルではなくアナログな活動にしました）。

2 「組み合わせゲーム」のルールを聞く（5分）

ALT とのデモンストレーション形式で「形を組み合わせて，出されたお題を作る」という活動内容を知る時間を設けます。

3 「組み合わせゲーム」をする（25分）

ペアに1セット配られた形カードを使って，「組み合わせゲーム」をする時間を設けます。

①お題を選ぶ（「ライオン」「お花」などのお題カードを作っておき，子ども
　にくじ引きのように引かせる）。
②お題にあったものを，配られた形カードを組み合わせて作る。
③使いたいカードは毎回必ずペアの子に"A circle, please." "Do you
　have 2 triangles?"のように尋ねてから使う。
④作品が出来上がったら写真に保存し，ペアで紹介し合う。

4　作品を英語で説明・録音しみんなで共有する（15分）

撮影した写真の中から
おすすめを1枚選んで，
英語で説明する時間を設
けます。

①ロイロノートや
　Keynoteなどを使い，
　写真に英語での説明を録音する。
②みんなの前で出来上がった作品を発表する。

C　This is a lion. 8 triangles, 1 circle and 1 rectangle.

📌 活動のポイント

　今回は，活動自体はアナログなものにしました。数少ないカードをお互い
に貸し借りする際に子どもたちはたくさん英語でやり取りしました。しかし，
アナログでは作った作品がすぐになくなってしまいます。ICTで記録をして
おくことで，のちに音声入りで自分の作った作品をいつでも見返すことがで
きます。また，教師側も後で評価をすることができます。

画面上で写真が動く！

デジタル人形劇で地域紹介

「話すこと（発表）」

時　　間	45分
ICT 教材	PuppetPals（アプリ）
英語表現	This is 〇〇. You can see/ eat/ buy ～. It's beautiful. など

ねらい

・自分の住む地域について英語で紹介することができる。

1　事前準備

　私はよく，総合や社会科の地域学習と並行してこの単元を行なっています。自分たちの住むまちのお店や建物，歴史的なものなどの写真を事前に用意させておくことで，より面白い地域紹介ビデオを作ることが出来ます。

2　英語表現を確認する（5分）

　This is ～. You can see ～. You can eat～. You can buy～. といった表現に加え，It's big. It's old. It's delicious. などの形容詞を事前学習で行っておきます。それらの英語表現をもう一度確認する時間を設けます。

3　自分の住むまちについての動画を作る（30分）

　PuppetPals を使うと，直感的な動作で簡単にデジタル人形劇動画を作ることができます。背景画を子どもたちが今までの調べ学習で撮影してきた写真などに設定させ，自分たちの顔だけでなく，地域の物など様々なものを人形に設定し，パペットとして動かすことで，とても面白い動画になります。

①ペアで PuppetPals で活用する画像を探し，PuppetPals に取り込む。

②デジタル人形劇で，地域の食べ物や地域の歴史的な建物などの紹介動画を作る。

③完成作品を見直し，自分たちの英語表現を見直したり，人形の動かし方の工夫点などを見つけたりする。

④改善点があればどんどん撮り直しをし自分たちの納得がいくまで動画作成をする。

4 **動画をみんなで共有する**（10分）

　共有アプリを用いて動画を共有し，みんなでコメントしあう時間を設けます。写真を iCloud の共有フォルダで共有することで，動画にコメントをつけてあげることもできます。スクリーンに映してみんなで見てもよいですね。

 活動のポイント

　PuppetPals を活用することで直感的な操作でクオリティの高い創造性豊かな動画を作ることができます。今回の活動のようにすると，みんなの前で発表する緊張感もなく，むしろ「もっと大きな声じゃないと聞こえない！」「この表現入れよう！」「あ〜…言葉が詰まってしまった…もう1回！」のように，子どもたちはこだわりをもちながらどんどん自分たちの動画をよりよいものにしていきます。こちらが言わなくても ICT を活用することで作品にこだわりが生まれ，そのこだわりが結果的に英語を積極的に話そうとする態度につながっていきます。

30 日本の文化を伝えよう

「話すこと（発表）」

時　　　間	45分
ICT 教材	自由（子どもたちが選ぶ）
英語表現	This is 〜. It's 〜.

ねらい

・日本の文化を英語で伝えるビデオレターを協力して作ることができる。

1 活動概要

　今回は中学年の総まとめの学習になります。日本の文化を外国の友だちに伝えるビデオレターを作るという活動です。ICT はコミュニケーションを豊かにするためのツールの1つだと Chapter 1 で述べましたが，今回はツールの活用方法は子どもたちに任せ，自分たちで協力してより相手に伝わる工夫をたくさん入れたビデオレターを作成することにしました。

2 ビデオレターを作成する（45分）

　「食べ物」や「遊び」「地域」など自分の興味のある事柄についてのビデオレターを作成します。事前準備として，ビデオレターの中で使いたいものはこの学習までに持ってきておくことを伝えておいてください。

※ビデオレターで使う英語表現は "This is Kendama." や "It's fun." などに加え，今までの既習表現を活用した自己紹介となります。ここで大切なのは，日本の文化を全て英語で伝える方法を考えさせることです。例え

ば「お手玉」を仮に言葉で説明するとなると「右手に持ったお手玉を上に投げると同時に，左手に持っているお手玉を右手に渡して，その間に上から落ちてくるお手玉を左手で…」と，日本語であっても伝えることは困難です。お手紙や口頭だけでは伝えられないものでも，ビデオレターであれば"Please look (at me)."などと言って，実際に相手に実演することが可能です。相手に伝わる，相手が見ていて楽しいビデオレターにするためにはどうすればいいかをグループでしっかりと話し合う場面こそ，この学習で一番大切な時間です。

📌 活動のポイント

　ICTを活用する事が当たり前になってくると子どもたちは「プレゼン形式で伝えよう！」「デジタルアニメにすると喜んでくれるかな」と，自分たちで伝える方法を考えます。この活動に向けて子どもたちは，自作の「だんじり」やイラスト，活用できそうな「本」などを自主的に用意しました。また，黒板に動画の簡単な流れを英語で書いたり，机をタップしてお祭りの音を表現したりと，自分たちなりに考えながら相手により伝わりやすい，創造性豊かなビデオレターをたくさん完成させました。子どもの創造力は大人のそれを遥かに超えるものをもっているなと感じさせてくれました。

 Column

文房具としての ICT

　大人と違い，子どもたちは新しいことであってもどんどん吸収し，それらを自分たちなりにアレンジしながら活用していきます。**子どもたちにとって「ICT」は，鉛筆や消しゴムのような１つのツールにすぎないのです。**

　鉛筆の持ち方や使い方は一年生で学習しますが，それらを習得した子どもたちは自由に文字や絵を描き，自分の思いえがくものをアウトプットします。

　ICT もそれと同じで，毎回の授業で１から10まで教える必要はありません。むしろ使い慣れてくると，子どもたちから面白いアイデアを教えてもらうことも増えてきます。また，子どもたちは，自分自身で機器トラブルを解消することもできるようになってきています。ICT に限ったことではありませんが，子どもたちの力は私たち大人の想像を遥かに超えた大きなものなのです。

　さて，子どもたちが ICT を活用するようになって，アウトプットの方法がどんどん個性的で創造性豊かなものになってきました。

　例えば，何かビデオレターを作成する活動があると，子どもたちは iPad を２台用意して，BGM を流しながら撮影したり，背景画を合成したり，アナログでは実現不可能な動きを，アプリケーションを組み合わせることで表現したりと，思いついたことをどんどんやっています。

　すると自然とグループで話し合いが進み，やがてアウトプットの方法だけでなく，内容面においても「こだわり」が生まれます。そこから納得のいくまで自分自身が発する英語を言い直し，それが結果として英語表現の定着につながっていきます。子どもたちが自由自在に ICT を使いこなせるようになれば，よりクリエイティブなアウトプットができるようになるだけでなく，英語学習への意欲面や，技能面の向上にも結びついていくのです。

ICTを活用した
5，6年の活動アイデア

0

31 アルファベットを隠して楽しむ

マスクアルファベットで小文字クイズ

「読むこと」

時　　間	20分
ICT 教材	Keynote
英語表現	アルファベットの小文字の学習

ねらい

・アルファベットの小文字を読むことができる。

1 事前準備

　Keynote のマスク機能を使ってクイズを作ります。例えば，動物などの画像をアルファベットの小文字の形にきりぬきます。その際，画像はそのアルファベットが頭文字になる単語のものを選んでください。例えば "b" であれば "bee"，"s" であれば "snake" のような感じです。作り方は以下の通りです。

アルファベットを範囲選択→テキストカラー
→イメージ

テキストオプション
→アウトライン

2 マスクアルファベット動物クイズをする（20分）

文字をヒントに何の動物かを当てるクイズをします。

① "What animal is this?" と尋ね，１つずつヒントを出す。

ⅰアルファベット１文字を見せる

ⅱマスクアルファベットを見せる

ⅲ動物のスペルを見せる

ⅳ画像も見せる

②ヒントをもとにわかった段階で手をあげて質問に答える。

③それぞれのアルファベットの「音」を意識して発音の練習をする。

活動のポイント

　マスク機能を使えば図形や文字の形に画像を切り抜くことができます。ちょっとした機能で簡単にクイズが作れます。文字に慣れ親しむ最初の段階でやってみると面白いですよ。ちなみに，子どもたちでも簡単にクイズを作ることができるので，26文字を頭文字にした単語探しなどをしてみても面白いかもしれませんね。

AIと英語で会話できる！

Hey, Siri！

「話すこと」（発音練習）

時　　間	20分
ICT 教材	Siri
英語表現	How's the weather today? / Where is here? など

ねらい

・発音に気をつけて Siri に質問することができる。

1　事前準備

　まず，Siri の言語設定を「英語（アメリカ合衆国）」に設定します。イギリスやオーストラリア，インド，南アフリカなど，いろんな国の発音に設定することが可能ですが，私はアメリカ合衆国にしました。

2　いろんな疑問文を思い出して共有する（10分）

　Siri に質問をして答えてもらうという課題をみんなで共有した後，Siri に質問したいことを出し合います。

(Ex) How's the weather today? / What time is it now? / Where is here?
　　　What do you like? などの疑問文を出させて，それを板書します。

3　Siri に質問する（10分）

　Siri に質問する時間を設けます。ここで大切なのは，発音を意識させることです。Siri はアメリカ英語に設定されているので，きちんと発音を意識しなければ反応してくれません。１度 ALT にデモンストレーションしてもらい，子どもたちに「ちゃんと発音すれば認識される」ということを意識させ

ることで，何度も繰り返し粘り強くチャレンジするようになります。

① iPad に向かって "Hey, Siri" と言う。
②黒板に書かれた質問事項を Siri に尋ねる。
③成功すれば他の質問をする（黒板のもの以外でももちろん OK です）。

How's the weather today?.

活動のポイント

　英語の音声入力はかなり精度が上がっています。子どもたちは Siri に英語で質問し，反応してもらえたり，求めていた答えを言ってもらえたりすると大喜びします。逆になかなか反応してもらえない場合は，何度も何度も発話し，発音を矯正していきます。時には ALT に発音を聞いてくることもあります。友だちに発音を意識して何度も何度も発話する状況はやや考えにくいですが，Siri 相手であればそのような状況を作り出すことが出来ます。結果的に発音を意識し，かつ表現もしっかりと身についてきます。

33 子ども時代の先生が語る「将来の夢」

しゃべる昔の写真!?

「聞くこと」

時　　間	20分
ICT 教材	Photo Speak（アプリ）
英語表現	What do you want to be? I want to be a ～.

ねらい

・子ども時代の先生がなりたかったものを聞き取ることができる。

1　事前準備

　いろんな先生に，子ども時代の写真を用意してもらいます。その写真を Photo Speak に取り込み，当時の将来の夢を英語で語ってもらう動画を作成しておきます。今の先生が "I want to be a ～." と将来の夢を語るのはやや不自然ですが，子ども時代の先生が当時の将来の夢を語るのであれば現在形を活用しても違和感はないですね。ちなみに，ビデオには今回の Key Sentence である "I want to be a ～." 以外に，ヒントとなる英文を既習事項から入れておくことで過去に学習した表現の定着にもつながります。

2　将来の夢を伝える表現を復習する（5分）

　フラッシュカード（私はいつも iPad にデジタルカードを画像として取り込んで使っています）などを活用し，将来の夢に関する英単語と Key Sentence "I want to be a ～." の確認をする時間を設けます。

3 "Who is he/ she" クイズをする （15分）

子ども時代の先生の動画を提示し，誰かを当てるクイズ大会をします。

①先生の子ども時代の動画を見る。

② "He is 〜." や "She is 〜." を使って，先生の名前を答える。

③ビデオで子ども時代の先生が言っていた英語の内容を確認する。

T　What did he/ she say?

C　I want to be a 〜.

④正解の動画を見る。

Hi.
I like 〜.
I can 〜.
I want to be
an astronaut.
Who am I ?

Hi.
I'm 〇〇 .
I wanted to
be an
astronaut.
Goodbye.

📌 活動のポイント

Photo Speak を活用することで，過去形を使わず，現在形でも不自然ではない動画を作成することができます。今の先生が "I want to be a 〜." と昔の将来の夢を発表するのはやや違和感がありますが，このアプリを使えば違和感がなくなりかつ，身近な先生たちの子ども時代の写真を提示するだけで「絶対に正解するぞ！」と，とてもやる気が高まります。子ども時代の先生が話すこと…　これも ICT を活用しないとできない実践の１つです。

オリジナル音声入力アプリ

正しく音声入力をしよう

「聞くこと」「話すこと」「読むこと」

時　　間	10分〜15分
ICT 教材	Rabbits えいごで言ってみよう！（アプリ）
英語表現	全単元の英語表現

ねらい

・見本文と自分が音声入力をした文を見比べて，音声入力が正しくできているかを判断することができる。

1　単元を選択し，自由にイラストを動かす（2分）

まずは，各単元の疑問文を聞きます。その疑問文に合う英文を，イラストを動かすことで生成します（英文はイラストに合わせて自動生成されます）。英文は自動的に再生されますが，もう一度聞きたい場合はスピーカーボタンをタップします。

2　音声入力をする（3分）

自動生成された英文を音声録音します。今度は赤のマイクボタンをタップしてお手本の通りに英語を話します。

3　英文を見比べる（2分）

　自分で音声入力した英文と，自動生成された見本の英文とを見比べることで，正しく入力できているかを確認します。一つひとつの単語を意識し，本当にスペルが正しいか自分で確認します。正しくなければもう一度録音しなおします。

 4　英文を記録する（5分）

　正しく入力できたら右上の「＋」ボタンを押し，そのページを記録します。本当に正しければ，マイクボタンの横に「✔」マークがつきます。ここで大切なのは正しいかどうかを自分で読んで判断することです。

5　記録を確認する（3分）

　記録ページでは，全体だけでなく単元ごとにも自分の達成できた英文の画面と達成日，さらには達成数を見ることができます。これを見れば，達成数の少ない単元に新たにチャレンジするなど自分なりに学習を進められます。

📌 活動のポイント

　後のコラムで紹介しますが，このアプリは子どもたちの英語学習のプロセスや興味関心の見取りから開発したアプリです。私は朝の会や帯時間に活用しています。ただの単語アプリと違い，単語の組み合わせによってかなりの数の英文があるので，これを繰り返すうちに「英語表現」として定着が図れます。語彙だけを増やしても，それを活用できなければ意味がありません。イラストをもとにシチュエーションを理解し，聞いて話して読み比べることで，楽しく表現を身につけさせたいですね。

35 小文字を書いてみよう！

「書くこと」

時　間	30分
ICT教材	Keynote
英語表現	アルファベットの小文字の学習

ねらい

・文字の大きさや高さに気をつけてアルファベットの小文字を書くことができる。

1 事前準備

Keynoteでデジタルワークシートを作っておきます。26ページにそれぞれ罫線を入れ，「ロック」をかけて動かせないようにしておきます。その罫線の上に「テキスト」で"a"〜"z"までのアルファベットを入れておきます。

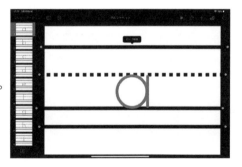

2 アルファベットをなぞる（3と合わせて30分）

Apple Pencilなどのスタイラスでなぞる時間を設けます。ここでICTを活用した一工夫。アルファベットを選択し「不透明度」を0％にすることで，お手本のアルファベットが見えなくなります。その状態でスタイラスでなぞります。この時「ぴったり重なるように書く」というミッションを必ず伝え

るようにしてください。ゲーム感覚にすることで，ぴったり重なるまで何度もがんばって書こうとします。

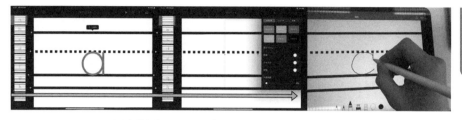

不透明度を０％に近づけると文字が消えていきます

 3 **小文字の形を確認する**

　アルファベットの「不透明度」を100％に戻し，手書きの文字とぴったり重なっているかを確認します。間違えた部分は，もう一度「不透明度」を０％に戻し，もう一度ぴったりに書けるようにチャレンジします。26文字全てぴったり書くことができればミッションクリアになります。

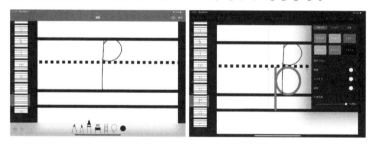

 活動のポイント

　紙だとなぞることはできますが，書いたものにお手本を重ね合わせることはなかなか難しいです。ICT を活用することで，ゲーム感覚で楽しくアルファベットを書く活動ができます。また，後から重ね合わせることで，文字の高さや書く場所に自分自身で気づいて修正することができます。この「気づき」から定着につながるというのがポイントになってきます。

36 しゃべる(動く)写真で楽しく自己紹介！
I am "My HERO" !?

「聞くこと」「話すこと（やり取り）」

時　　間	30分
ICT 教材	写真アプリ，Photo Speak
英語表現	Can you ～? I can ～. (He/ She can ～. の導入)

ねらい

・自分の憧れの人になりきって自己紹介をすることができる。
・友だちにとっての HERO ができることを聞き取ることができる。

1 事前準備

　本活動はあらかじめ身近にいる自分にとっての HERO ＝ 憧れの人の写真を撮影し，iPad に取り込んでおきます。さらにその人のできることや好きなものなどを事前に "Can you ～?" や "Do you like ～?" などの表現を活用してインタビューしておきます（写真は，自分の iPad に取り込んでおいても，持参して学校でその写真を iPad で取り込んでも問題ありません）。

①自分の親や先生，友だちなど，
　身近な HERO の写真を撮影
　し，事前にインタビューする
　などして，HERO について
　の情報を調べておく。

2 HEROになりきって自己紹介を録音する（20分）

アプリ"Photo Speak"にHEROの画像を取り込み，HEROになりきって自己紹介をする英語を録音します。

①Photo Speakに顔写真を取り込み，目と口の位置を設定する。
②インタビューの内容をもとにHEROになりきって自己紹介をする（Photo Speakの録音機能を使って録音し動画として書き出す）。
③共有写真フォルダや共有アプリなどを使ってみんなで共有できるようにしたり，電子黒板に映したりする。

3 自己紹介をお互いに見合う（10分）

完成したMy HEROムービーをみんなで共有します。

①友だちのHEROについて知る。
②友だちの使う英語表現などについて，気づいたことがあれば直接教えあったり，それぞれの動画にコメントしてあげたりする。

 活動のポイント

Photo Speakを活用することで，他己紹介を一人称ですることができます。3人称を学習する前段階でも他己紹介ができるので，授業の幅がひろがりますね！

37

Google Earthで道案内

まちにお出かけしてみよう！

「聞くこと」「話すこと（やり取り）」

時　　間	30分
ICT教材	Google Earth
英語表現	Where is ～? Go straight. Turn right/left. Stop. Here is ～.

ねらい

・目的地にたどり着けるように英語で道案内をすることができる。

1 事前準備

　スクリーンの真ん中に，後ろ向きで上を指さしたイラストを貼っておきます。個人のiPadで活動させる場合はiPadに貼れるイラストも準備します。

2 道案内をする（10分）

　まずは学校近辺の探検に出かけます。Google Earthを学校のある場所に設定することで，1で貼ったイラストがあたかも学校に立っているように見えます。

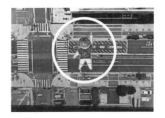

①子どもたちがよく知っている身近な建物などの場所について尋ねる。
②みんなでKey Sentencesを使いその場所までの道を英語で先生に伝える。
③子どもの英語での指示通りに先生はGoogle Earthを操作する。
④ "Here is the ～." と子どもたちが言ったところでストリートビューに
　切り替える。

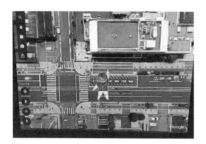

目的地に着いたらストリートビューに切り替えて確かめる

※時間があれば，遊園地の中を道案内したり，ALT に，住んでいたまちの道案内をしてもらったりしてください。全員で "Go straight." "Turn left." "Here is ～." とたくさん言っているうちに Key Sentences が定着してきます。また，子どもが間違えた指示をしても先生は子どもが言った通りに動かしてください。

3 | ペアで道案内をする（20分）

学級の実態に応じて，ペア学習をしてもとても盛り上がります。

A Where is the police station?

B Go straight (2 blocks) and turn right (at the corner). Go straight (3 blocks). Here is the police station.

A Thank you.

B You're welcome.

活動のポイント

画面にイラストを貼るだけで世界中のどこでも道案内ができます。最後にストリートビューで目的地が現れた時，子どもたちは大喜びします。教室の中にいながら色々な場所に行けるのも ICT の魅力の１つですね。

38

FaceTimeで道案内！

道案内神経衰弱をしよう！

「話すこと（やり取り）」

時　　間	30分
ICT教材	FaceTimeなどの通信アプリ
英語表現	Go straight（〜 blocks）. Turn right/left. Stop. This is 〜.

ねらい

・目的地にたどり着けるように「言葉」で道案内をすることができる。

1 事前準備

　教室の机や椅子に色々な絵カードを裏向きに並べておきます。絵カードはなんでも構いませんが，例えば前単元で使った英単語やお店やさんなど，定着させたい単語や関連のある単語を設定してください。また，子どもたちには机や椅子の配置がわかる白紙のワークシートを用意しておき，道案内をしてその絵カードが何かわかったら書き込めるようにしておきます。

2 FaceTimeで道案内をする（30分）

　今回は4人グループで行います。1人は案内される役，残り3人は誘導する役です。誘導役の3人は椅子や机が並べられているところに入ってはいけません。あくまでフィールドの外から「言葉」だけで道案内をします。ちなみに，イヤホンをつけることでより集中してグループ活動ができるようになります。

①誘導役の３人は目的の絵カードを相談し，決まったら案内される子にその
　カードまでの行き方を英語で伝える。
②誘導に従って案内される役の子が動き，目的地についたらカードをめくる。
③案内される役の子は"This is～."とカードの内容を伝え，また裏を向け
　て置く。
④誘導役の子は聞き取ったカードに書かれたものをワークシートに書き込む。
⑤役割を交代し，別の子が案内される役になる（時間内で繰り返し行う）。

Go straight 2 blocks.
Turn right at the corner.

活動のポイント

　今回はICTを活用することで，あえて視覚的なコミュニケーションの手
段を断ちます。そうすることで純粋に「ことば」だけのやり取りになり，相
手に伝わるように英語を話したり，逆にしっかりと聞こうとしたりする態度
にもつながります。またこの方法では，みんなアクティブに活動しているの
ですが，イヤホンを用いるので他のグループの英語が混じって聞こえづらい
ということがなくなり，しっかりと友だちの英語を聞きながら落ち着いて自
分たちのグループ活動に専念することができます。

39

国旗クイズアプリを活用！

いろんな国を英語で言ってみよう！

「読むこと」「話すこと」（語彙）

時　　　間	30分
ICT 教材	あそんでまなべる　国旗クイズ（アプリ）
英語表現	国名

ねらい

・様々な国の名前を英語で言うことができる。

1 事前準備

　「あそんでまなべる　国旗クイズ」というアプリケーションを今回は使います。まずは活動の前にメイン画面から「セッティング」をタップし「げんご」を "English" に設定します。こうしておくことで，国名が英語表記になります。社会科などで使う場合は日本語でも構いませんが，せっかくなので文字をヒントに国旗と国名を考えられるようにしたいですね。

2 それぞれの国名の英語を知る（15分）

　ここはフラッシュカードや Key Word Game などのアクティビティをしても構いませんが，アプリケーションの中には "View" というモードがあり，地図を見ながら "Europe" や "Oceania" のようにエリアごとに国旗と国名，位置を同時に知ることができます。

③ 国旗クイズをする（15分）

メイン画面から"Quiz"を選択し，"Quick"を選択します。するとランダムに20か国の国旗を当てるクイズが始まります。ちなみに，このアプリはエリアごとや「星のついた国旗」「3色の国旗」などに限定したモードもあるので，色や形の学習にも使えそうですね。

①みんなで国名を英語で答える。

T What country is this?

C China !!!

②4つの選択肢の中から国旗を選ぶ。

※ここは，"No.2"のように左から順に番号をふっておいても構いませんし，英語で"Red""Yellow Stars"のように言わせても構いません。子どもたちが伝えている国旗がどれかわかった段階で，先生がそれに該当する国旗をタップします。発展学習として，その国の有名なものをここで聞いてもよいでしょう。

📌 活動のポイント

国旗クイズという形式で，しかもアプリの中にタイマーがセットされているため，子どもたちは早く答えるために必死に回答します。社会科の学習内容ともリンクさせて学習できるのもいいですね。こういったゲーム要素が強いアプリケーションでも，上手く活用すると，子どもは楽しんで英語を言おうとします。もちろん先生も，子どもたちの回答に対して聞く姿勢をしっかりともってあげることが大切です。聞こうと必死になる先生に対し，子どもたちも必死に英語で答えを伝えようとしてきます。

クラスの実態を調査せよ

「話すこと（やり取り）」

時　間	30分
ICT 教材	Numbers
英語表現	I always/ usually/ sometimes/ never eat breakfast.

ねらい

・英語を使って朝ごはんを食べているかどうかを尋ねたり答えたりすることができる。

1　事前準備

　数字を入力すればすぐにグラフ化されるデジタルワークシートを作っておき，活動前に子どもたちに配布します。

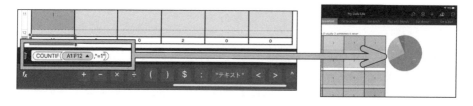

　ワークシートの一番下に =COUNTIF（範囲, "=1"），=COUNTIF（範囲, "=2"）のようにそれぞれ子どもが名前のセルの上に"1"や"2"と入力すれば自動的にその数が計算される文字式を入れておき，そのセルを円グラフにすることによって，リアルタイムに数字を入力すればグラフが出来上がるデジタルワークシートを作成することができます。

　また，Numbers ではそれぞれのセルにある文字を入力するとセルの色が

自動的に変わるように設定することができます。なので私も1と入力すれば水色，2と入力すれば緑色のように設定しておきました。

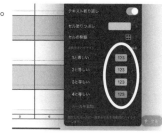

2　クラスの実態を調査する（30分）

　1週間で朝食を食べる頻度を調査する活動を設定します。クラスの実態に応じて，テレビを見る頻度や友だちと遊ぶ頻度など，色々させても面白いと思います。今回は頻度を表す副詞に慣れ親しむことが目的ですので，私はあえて朝食の表現のみに限定しました。

① （How often）do you eat breakfast（in a week）？ と尋ねる。
② I always/ often/ sometimes/ never eat breakfast. と答える。
③ always の場合は1，often の場合は2，sometimes の場合は3，never の場合は4をデジタルワークシートの尋ねた相手の名前の上のセルに入力する。

活動のポイント

　Numbers や Excel などの表計算アプリを活用すると，紙のワークシートでは実現できない，子どもたちがより意欲的に活動できるデジタルワークシートを作ることができます。グラフをかいたり計算したりする活動をなるべく簡略化し，より英語活動を増やすことにも有効です。リアルタイムにグラフが出来上がっていくので子どもたちは意欲を持続しながら楽しんで英語のやり取りを行います。また，調査が目的なのでクラスの全員とコミュニケーションをすることに必然性があるのもこの活動のポイントですね。

歴史上の人物になれる!?

偉人になって自己紹介しよう！

「話すこと（発表）」

時　間	30分
ICT 教材	Photo Speak
英語表現	I live in 〜. I went to〜.

ねらい

・歴史上の偉人になりきってその人物を英語で紹介することができる。

1 事前準備

　偉人の写真を Photo Speak に取り込みます。偉人になりきって話すので，基本的には現在形を活用しても違和感はありませんが，その歴史人物が以前に行った場所を紹介する場合は過去形を使うことになるので，過去形の導入にも使えます。

2 偉人になりきって話す内容を考える （15分）

　社会科の学習をふりかえり，"I went to 〜." や既習事項を用いてその歴史上の人物の自己紹介文を考える時間を設けます。

(Ex) My name is Oda Nobunaga. I live in Azuchi castle.
　　 I went to Okehazama. I'm very strong.

3 Photo Speak で録音する（15分）

　取り込んでおいた歴史人物の画像を選択し Photo Speak を使って自己紹介文の録音をする時間を設ける。

①自己紹介をする（歴史人物になりきって話す）。
②録音が終わったら動画を書き出す。
③動画が完成した子から共有フォルダに送って相互鑑賞をし，他の子が誰のどんなことを紹介したのかを聞く。

> My name is Tokugawa Ieyasu.
> I live in Edo.
> I went to Sekigahara.
> I am strong.
> I like tempura.

活動のポイント

　普通に過去形を活用して夏休みの思い出などを伝えるのもいいですが，その前に一工夫。社会科の学習での調べ学習も生かすことができるので，子どもたちの興味が社会科にも英語科にもプラスにはたらく活動になります。
　また，本人になりきるという要素もあるので，子どもたちは何度も自分が作った動画を見直し，こだわりをもって撮影を続けるうちに，英文をどんどんスラスラと言えるようになってきます。

Byte をゴールに導こう①

「聞くこと」「話すこと」

時　　間	30分
ICT 教材	カメラ（ビデオ）
英語表現	moveForward () /turnLeft () ←コマンド

ねらい

・コマンドを使って友だちをゴールに導くことができる。
・友だちの英語での指示を聞いて，ゴールにたどり着くことができる。

1　事前準備

机や椅子など（各学校の教室の実態によ
ります）を規則正しく配置しておきます。
床に正方形のタイルがある場合はそれを活
用します。要は，碁盤の目のようなフィー
ルドを用意します。その目の上にクッショ
ンや画用紙など，裏にカードが隠せるよう

なものをおき，その下に「飴ちゃんカード」を置けるようにしておきます。

2　コマンドを使ってルートを録音する（15分）

まず，フィールド内のクッションの下に「飴ちゃんカード」を隠します。
その後スタート地点から「飴ちゃんカード」がある場所までの道のりを，
moveForward () と turnLeft () という2つのコマンドを使い録音します。
moveForward () →1マス前進，turnLeft () →その場で左に90度回る，
というコマンドを設定します。できる子は頭の中で考えてコマンドを1つず

つ録音させてください。できない子は，実際に道のりを歩きながら録音しても構いません。

　moveForward ()，turnLeft ()，moveForward () ...のように録音していきます。この時，

右に曲がれないことに気づく子も出てきますが，turnLeft () を３回すれば右に曲がることができるということに子どもたち自身が気づけるように助言はしません。

3　録音を聞いて「飴ちゃんカード」を見つける（15分）

　ペアの子が録音した「飴ちゃんカード」までの道のり動画をAirDrop 等で受け取り，スタート地点からコマンド通りに動いていきます。「飴ちゃんカード」をゲットできればクリアとなります。

活動のポイント

　今回は，英語授業におけるプログラミングの学習です。１時間目は導入として，道案内の学習の延長で行いました。ちなみに moveForward () のような指示を「コマンド」，コマンドの順番のことを「シーケンス」といい，この２つの間に「バグ」がなく，かつ聞いている側がコンピュータのように正確に動くことができればミッションはクリアできます。コンピュータは「コマンド」「シーケンス」通りに動きますが，人間は「話す側」と「聞く側」のコミュニケーションが大切だということに子どもたちは気づきました。

プログラミングで道案内②

Byte をゴールに導こう②

「読むこと」

時　　間	35分
ICT 教材	Swift Playgrounds（プログラミングアプリ）
英語表現	moveForward () turnLeft /Right () など

ねらい

・コマンドを入力して "Byte くん" をゴールに導くことができる。

1　Google Earth で道案内をする

　導入として，以前に行った Google Earth を活用した道案内の活動をみんなで行います。詳しくは p.98をご覧ください。

2　コマンドとシーケンスについてふりかえる（10分）

　前回の学習でコマンドとシーケンスについて学習し，コンピュータと人間との違いについても最後に話し合いました。その中で子どもたちは，コンピュータは「コマンド」通りに動くということと，人間の場合は「コマンド」と「シーケンス」を聞き取る側にも「バグ」が生じるということから，「話す側」は相手に伝わるようにジェスチャーなどを交えながら話す，「聞く側」は相手の目を見てしっかりと聞こうとすることが大切であるということに気づきました。

　そこで今回はペアワークで，友だちとコミュニケーションをとりながら "Byte くん" をゴールに導けるように頑張るというめあてを立てました。

3　"SwiftPlaygrounds" をする（20分）

　"SwiftPlaygrounds" を用いて，ペアでプログラミングをします。コマ

ンドは全て英語表記ですが，道案内の学習を行なっており表現が似ているので，子どもたちには抵抗があまりありません。英語で書かれたコマンドをペアの子と口に出して読みながら"Byteくん"をゴールに導くためのコマンドを入力していきます。

新しいコマンドが出てきても，説明を読みながらどんどん進めるようになっているので，ペアで協力しながら，どんどん進めさせてあげて下さい。

①ペアで"SwiftPlaygrounds"をする。
②ペアの子と協力し，わからないことはどんどん相談し合いながらステージをクリアしていく。

4 "SwiftPlaygrounds"を行った感想を共有する（5分）

今回の学習を通し，子どもたちは色々な感想をもちます。それらを共有することで，コミュニケーションの大切さだけでなく，例えば「"turnRight()"はないけれど，"turnLeft()"を3回すればいいとわかった。ないコードは新しく作ればいいんだ」といったことに気づく子もいました。英語も同じで，わからない単語やフレーズがあっても，既習事項を使って表現を言い換えて伝えるということはとても大切なことです。

活動のポイント

プログラミングと英語は一見離れていそうですが，コミュニケーションの大切さや，英語を話す際に大切な，知っている言葉で伝えようとすることを知るきっかけにもなります。これはほんの一例ですが，プログラミングの学習から，様々な教科で必要な力に結びついていきます。

44
自分の声の波形が見える！

アクセントを見て意識しよう！

「話すこと」（英語のリズムの習得）

時　　間	30分
ICT 教材	ボイスメモ（録音アプリ）
英語表現	全単元の英語表現

ねらい

・見本文と自分が音声入力をした文を見比べて，音声入力が正しくできているか判断できる。

1 2種類の英語の読み方から違いを考える（5分）

　例えば先生が "Listen to the music" という英語をまずは発音してみます。最初は "Listen to the music." を一単語ずつ読みます。次に "Listen" と "music" の2ヶ所に強勢を置いて読みます。これを聞いて気づいたことを発表します。

　　　　　・　　・　　・　　　・　　　　　・
　　　　① Listen to the music.　② Listen to the music.

2 英語と波形を見て気づいたことを発表する（10分）

　今度は先ほどの2種類の読み方をそれぞれボイスメモで録音するところを提示します。そしてそれぞれの波形画面をスクショしておき並べて表示して，気づいたところを発表させます。この段階で，視覚的な情報から子どもたちは色々な気づきを発表します。

C　あれ？4つ単語があるのに，2つ目は波が2つしかない！

C　単語によって読むスピードが違う。

C　music のところが強い！

3　英語のアクセントを知る（5分）

　子どもたちの気づきから，英語には強勢と弱勢があることをまとめます。

4　波形を意識して英語を録音してみる（10分）

　実際に "Listen to the music." という英語を発音し，ボイスメモで録音してみる時間を設けます。この時に，大きな波が2つになることを意識して録音することを伝えてください。

活動のポイント

　ボイスメモを活用することで音声を視覚化できます。視覚化されることで子どもたちが考えるための素材が増えて，英語の音声に対する気づきが増えます。また，その視覚情報に合わせて英語を話すことで，自分の英語の発音やアクセントの位置を見直すきっかけにも繋がります。

45

海外の人とぬいぐるみ交換！

"The Doll Exchange" Report

時　　間	35分
ICT 教材	Keynote
英語表現	Where did you go? I went to 〜 with ○○.

ねらい

・自分の行った場所を伝えるレポートを英語で書くことができる。

1 事前準備

　この活動は，海外の学校になかなか実際に行くことができない代わりに，地域のぬいぐるみなどを交換し，ぬいぐるみを色々なところに連れて行ったり，あるいは連れて行ってもらったりして互いの国を紹介するプロジェクトです。交流先の小学校から地域のぬいぐるみが来たので，それを順番に1人ずつ持って帰り，色々なところに行った写真をタブレットに保存しておきます。必ず自分とぬいぐるみの両方が写るように子どもに伝えてください。

2 "The Doll Exchange" Report を作る（25分）

　今までに撮影した写真の中から数枚を選んで "The Doll Exchange" Report を Keynote で作る時間を設けます。

① Key Sentences を確認する。
　　・I went to 〜 with ○○.　　・It was 〜.
　　(Ex) I went to the park with A-long. We saw beautiful flowers. It was fun.

② Keynote のスライド数枚に写真を入れその説明を Key Sentences を使って書く。

③出来上がったら友だちとお互いの作品を見合い，アドバイスを出し合って改善する。

3 PDF で書き出して提出する（10分）

出来上がった Keynote ファイルは PDF 化して先生に提出します。最初からスクールワークなどで共同作業の形にしておくと，みんなが編集し終わった頃には一冊のブック形式になるのでわざわざ提出する必要はありませんが，ここは学校の実態に応じてで構いません。

私は回収したものを印刷して相手の学校に送りましたが，電子データのやり取りでもよいでしょう。

活動のポイント

子どもたちはレポートに使いたい画像をすでにたくさん画像として保存していたので，それらを活用できるようにタブレットを活用した電子レポートという形にしました。手書きでもいいのですが，写真を一人ひとりの要望に合わせて印刷したり切り貼りしたり，あるいは丁寧に色塗りをしたりと，英語以外のところで時間がかかってしまいます。一人ひとり行った場所も違えば使いたい写真の枚数も違います。ICT を活用することで，英語表現はそのままに，子どもたちの表現の自由度を上げることができます。

46

調査結果をすぐに共有②

リアルタイムランキングで調査しよう

「聞くこと」

時　間	30分
ICT 教材	Numbers/ School Work または Kahoot! などのアプリ
英語表現	What's your favorite vegetable? My favorite vegetable is ～.

ねらい

・好きな野菜を英語で伝えることができる。

1　事前準備

　p.104で紹介した「クラスの実態を調査せよ」で活用したワークシートを応用的に使います。Numbers は iCloud で共有することで，みんなが一斉にリアルタイムに同じファイルを同時編集することができます。

　学校によっては一人ひとりの Apple ID を紐づける必要があるのですが，スクールワークを活用している場合は簡単にみんなで同時編集することのできるファイルを作成することができます。また，スクールワークなどによる共同作業ができない場合は「Kahoot!」などを活用することもできます。

2　野菜の名前や Key Sentences の練習をする（10分）

　今日のアクティビティで活用する語彙を練習する時間を設けます。

3　リアルタイムランキングを作る（20分）

　黒板に示された野菜の記号を自分のセルに入力することで，瞬時にどの野

菜が一番人気
かをグラフ化
することがで
きます。

①Key Words で提示した野菜の中から４つをみんなで選ぶ。

※黒板にA～Dと記号を書き，そこに絵カードを貼ります。

②先生が "What's your favorite vegetable?" と尋ねると，"My favorite vegetable is ～." とその中で一番好きな野菜を選んで答え，自分のセルにA～Dの記号を入力する。

③一番人気だった野菜を残し残りの３つの野菜を別のものに変える。

④これを繰り返し，クラスで人気な野菜ランキングを作る。

活動のポイント

　数字を入力すると，リアルタイムに棒グラフが出来上がり一番人気な野菜がわかります。手を挙げさせて数えるとどうしても間延びしてしまい，またあまりしかけとしても面白くありませんが，即座に結果がわかることで何度も繰り返し調べたくなります。活動に少しそういった要素を加えるだけでも，英語学習に対するモチベーションが上がります。

　Numbers を使って共同作業をしたり，"Kahoot!" を活用したりすることで，このような活動が可能になります。ちなみに，Kahoot! だとオンライン上でできるので，iOS でも Android でもこの活動をすることができます。このあたりは学校の実態に合わせてください。

47 This is my Dream

「聞くこと」

時　　間	40分
ICT 教材	YouTube 等の動画サイト
英語表現	What's his/ her job? / 職業に関する単語

ねらい

・海外のドキュメンタリー番組を見て何の職業なのかを聞き取ることが
　できる。

1　事前準備

　職業に関するドキュメンタリー番組はインターネット上にたくさんあります。YouTube で "documentary" + "職業名（英語で入力）" のように検索するとたくさん見つけることができます。そういったものの中から「職業名」が出てくるシーンを見つけておくといいと思います。また，中には起きる時間や活動を始める時間などを話しているものもたくさんあります。

　全てを理解するのは，子どもはもちろん英語を専門とされていない先生にとっても難しいかもしれませんが，むしろそういった先生が聞いて「わかる」英文が聞き取れるところを探すことで，結果的に子どもたちにも聞き取れる英語シーンに結びつきます。先生も楽しみながら見つけてください。

2　職業当てゲームをする（10分）

　ドキュメンタリー番組に出てくる人物（できれば仕事着ではなく私服のシ

ーンの方が面白いと思います）のスクリーンショットを子どもたちに示し，何の仕事をしている人かを当てるゲームをします。

①インタビューを受けている人物の写真を見る。

T　What is his/ her job? Please guess.

②英語でその人物の職業を推測して答える。

 3　ドキュメンタリーを見る（30分）

　その人物に関するドキュメンタリーを流して，正解を聞き取る時間を設けます。

①ドキュメンタリーを見る。

②聞こえた単語やフレーズを発表する。

③わかったことや気づいたことなどを共有する。

　海外のドキュメンタリーを見ていると，日本とは少し違う文化的要素も見えてきます。国際理解の観点からもそういったことに触れることはとても素敵なことです。

活動のポイント

　ICTを活用することで，海外のドキュメンタリー映像を簡単に見ることができます。

　日本人向けではないので，全て聞き取るのは難しいのかもしれませんが，むしろ1単語でも1フレーズでも聞き取ることができることで，子どもたちの自信につながります。

48 かんたんに写真を加工！
"Who is he/ she? "クイズを作ろう！

「話すこと（やり取り）」

時　間	45分
ICT教材	Photo Booth （撮影と加工が同時にできるアプリ）
英語表現	He/ She can ～.

ねらい

・友だちや先生のできることを紹介することができる。

1 クイズにしたい人を探してインタビューをする（10分）

　ここは，ワークシートに書かせても構いません。"Can you ～?" や "What can you ～?" といった疑問文でその人のできることをたくさんまとめます。

A　Can you play the piano?　　　B　No, I can't.
A　What sport can you play?　　　B　I can play soccer.
A　Cool! Can you play baseball?　B　Yes, I can.
A　Can you eat natto...?　　　　　B　Yes, I can! I love it very much!

※デモンストレーションで例を示す際はあいづち表現なども積極的に入れてください。

2 Photo Boothでその人の写真を撮影する（5分）

　Photo Boothを使うと「渦巻き」や「万華鏡」など，いろいろなエフェクトをかけて写真を撮影することができます。

3 "Who am I" クイズを作る （15分）

"Who am I" クイズを作成します。

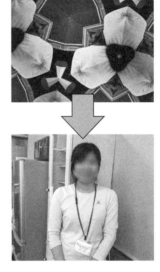

①インタビュー内容をもとにヒント文を考える。
　インタビューをする相手が男性か女性かによっ
　て "He" か "She" かを考えてヒントを考え
　るようにする。
② Photo Booth で撮影した写真を見せながら，
　クイズを出題する練習をする。
③撮影した写真を共有フォルダに入れる。
　（AirPlay などで前のスクリーンに子どもたち
　の端末から直接写真を映せる場合は，共有フォ
　ルダに入れなくても構いません）

4 "Who is he/ she?" クイズ大会をする （15分）

①**発表者**：Who is he/ she?　→ **クラスのみんな**：Hint, please.
②**発表者**：She can ～. She is ～.（最低でも３つ以上は伝える）
③**手を挙げて当たった子**：Is she ～? →**発表者**：Yes, she is./ No she isn't.
※私は学級全体でしましたが，グループでクイズ大会をしても面白いです。

活動のポイント

　写真を加工する作業を授業に入れてしまうとコミュニケーションの時間が
少なくなってしまいます。Photo Booth を使えば後から加工する必要がなく，
撮影と同時に加工されるので，クイズ作りに専念することができます。おも
しろいクイズを簡単に作成でき，英語を話す時間を増やすことができます。

49 動物の特ちょうを英語で紹介しよう！

「聞くこと」「話すこと（発表）」

時　　間	45分
ICT 教材	Keynote/（スクールワーク（ファイル共有））
英語表現	They（It）can 〜．＋既習事項 colors, shapes, body parts

ねらい

・動物ができることを英語で伝えることができる。

1 クイズブックで使う表現の復習をする（10分）

　"They can fly." "They can run fast." のような動作に関する表現の復習をする時間を設けます。また，色や形，体の特徴などの既習表現については，子どもたちに問いかけて色々と出させたものを板書します。

　私は Small Talk の中で動物クイズを出し，さりげなく既習表現の中から使えそうな表現を用いました。また，クイズの中に例えば象の鼻は "long nose" ではなく "trunk" と言うなどの英語表現と日本語表現の違いについても軽く触れました。

①色々な動詞の復習をする。
②クイズで使えそうな表現についてみんなで話し合う。
　(Ex) They are red. They have big ears.

2 問題ページにヒント文を録音する（20分）

　今回はデジタルクイズブックということで，全員で１冊のブックを完成させるという活動です。クイズブックの「？」マークのページに自分たちで考

えた動物の特徴を表す英文を録音する時間を設けます。

> They can jump high.
> They can eat carrots.
> They can hop.
> They have long ears.
> They are white.

 3 **答えの動物についての録音をする**（15分）

「？」マークの次の白紙の解答ページにイラストを載せ，答えを録音します。

※デジタルブックの最初のページに，それぞれの子の名前をタップするとその子のクイズにとぶようリンクを貼っています。また，それぞれのページに「もどる」ボタンを設定し最初のページに戻れるようにリンクを貼っています。出来上がった子から他の子のクイズにどんどんチャレンジしてもいいことを伝えてあげてください。

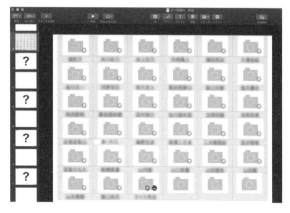

📌 **活動のポイント**

　デジタルブックという形で共有することで，いつでもどこでもみんなが作ったクイズで楽しむことができます。「○○さんはどんなクイズを作ったんだろう？」と，どんどんいろんな子のクイズにチャレンジしていきます。

50 動物クイズを作ろう

Keynoteでクイズアプリを自作しよう！

「書く（入力する）こと」「話すこと（発表）」

時　　間	45分
ICT教材	Keynote
英語表現	They can 〜.

ねらい

・動物のできることを英語で伝えることができる。

1 クイズアプリを作る（15分）

Keynote の「リンク」機能を活用することでアプリケーションのデザインができます。作り方は以下の通りです。

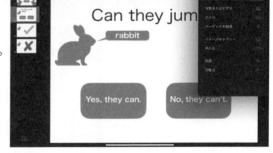

①図形などを組み合わせて，メイン画面や問題・解答ページなどを作る。

②タップする場所にリンクを貼る。

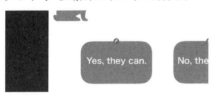

リンクを貼りたい場所をタップ

「リンク」をタップ

「リンク」先のページをタップ　　　　　　　再生して確認

2　問題・解答ページの解説を録音する（15分）

　出来上がったアプリに Key Sentences や解説などを録音して，ページに貼り付けます。

Yes, they can.
They can jump high.

3　クイズ大会をする（15分）

　ファイルを共有しても構いませんが，全員分を共有するとかなりサイズが大きくなってしまうので，机の上にタブレットを置いておき，みんなで自由に見てまわれるようにして好きずきにクイズを楽しめるようにします。

📌 活動のポイント

　「リンク」機能を活用することでまるで本物のアプリケーションを作るような体験ができます。今回はクイズアプリを作る中で，英語を入力したり録音したりするなど，英語を使う場面がたくさん出てきます。クイズができた子には，どんどん別の新しいクイズを作らせてあげてください。

51 ARでオリジナル ROOM
お部屋を作って紹介しよう！

「話すこと（発表）」

時　間	45分
ICT 教材	IKEA Place（アプリ），共有アプリ
英語表現	The sofa is in front of the TV. in/on/under/in front of …など

ねらい

・自分で作ったお部屋を英語で紹介することができる。

1 場所を表す言葉の復習をする（5分）

　in/ on/ under/ in front of/ behind/ by などの場所を表す前置詞を振り返る時間を設けます。歌や教科書のパノラマ写真（部屋にたくさんものが散らかっているような写真やイラスト），Key Words を使った宝探しゲームなど，クラスの実態に応じて Review や Warm Up の時間を設けて下さい。

2 オリジナルの部屋作りをする（20分）

　IKEA Place を使うと簡単に教室や廊下，空き教室などに家具を置くことができます。これを活用し，自分だけのオリジナルの部屋を作る活動を設定します。この時，Key Words の前

置詞から最低３種類以上は使えるように考えて配置するよう指示して下さい（その他の AR アプリでもこの活動は可能です）。

①アプリで家具を配置し，オリジナルの部屋を作りながら英語での説明を考える。"The sofa is in front of the TV." など。

②部屋が完成したら画面録画でその部屋の映像を記録しておく（スクショで静止画にしても問題ありません）。

3 英語でオリジナルの部屋の紹介をする（20分）

　みんなの前で出来上がった部屋の紹介をしてもいいですが，私は撮影したオリジナルの部屋の映像（画像）に iMovie で説明を録音する活動にしました。後で共有してみんなで見ることができる方が，一部の子だけでなく，いろんな子が作った部屋を楽しむことができるからです。

① iMovie で先ほど撮影した映像（画像）を取り込む。
②部屋の説明を録音する。
③出来上がった動画を共有する。
④他の子のお部屋の動画を見て，英語での説明を聞く。

活動のポイント

　AR を活用することで，その場でリアルな体験をすることができます。紙にオリジナルの部屋を作るよりも，実際に目の前に家具を置いて配置した方がより意欲が高まります。現実世界ではなかなか体験できないことでも，AR を使うことでその体験の幅がぐんと広がりますね。
　これなら，自分のお部屋を持っていない子でも，自分だけの理想のお部屋を作って楽しく英語で紹介することができます。

52 オリジナル給食メニューを作ろう

メニューの説明を英語で録音！

「話すこと（発表）」

時　間	45分
ICT 教材	Keynote
英語表現	What do you want（to eat for lunch）？ I want 〜.

ねらい

・自分の作った給食メニューを英語で紹介することができる。

1 オリジナル給食メニューを考える（15分）

　ウェブサイト「かわいいフリー素材集　いらすとや」にある「食べ物・料理のイラスト」など，自由に使っていいイラストもたくさんあります。そういったイラストを活用してオリジナルの給食メニューを作る活動です。Keynote にお盆のイラストだけを入れたものを子どもたちに配布し，後はその上に上記サイトにある「食べ物」「飲み物」「デザート」などの画像を使

って好きなように給食メニューを作らせる時間を設けます。その際，そのメニューの英語がわからない場合は絵辞書やオンライン辞書を活用したり，先生や ALT に尋ねたり，子ども同士で教え合ったりしながらボキャブラリーを増やしていきます。

2 メニューの説明を英語で録音する（15分）

　オリジナルメニューが Keynote 上に完成したら，そのページに音声を録音します（ロイロノートなどの共有ソフトなどで録音しても構いません）。

3 出来上がったメニューを共有する（15分）

　出来上がったメニューをみんなで発表し合います。グループ交流もよいでしょう。

①発表者以外の子が発表者に "What do you want for lunch?" と尋ねる。
②発表者は "I want (to eat) 〜, 〜 and 〜. I want (to drink) 〜." と答える。

※お盆の上に食べ物を乗せるとき，イラストの背景が邪魔になることがあります。例えば右のようにしたい場合，背景の白い部分が残っていると雰囲気が出ません。そんな時は「インスタントアルファ」という機能を使うことで簡単に背景を透過することができます。

活動のポイント

　紙にオリジナルのメニューを描く作業は色塗りや丁寧に絵を描くことに力が入り，とても時間がかかってしまいます。また，絵を描くのが苦手な子にとっては，英語以外の部分で苦痛を感じ肝心な英語活動への意欲が下がってしまうこともあります。共有した時に子ども達が相互評価をする視点が「イラストが上手い子」のようになってしまい，英語活動からブレてしまことも…　そうなっては本末転倒。しかしICTを活用することで，簡単に，しかもみんな同じクオリティの作品になるため純粋に英語を楽しんだり評価したりすることが可能になります。ICTを活用すると「個性が無くなる」のではなく，英語活動としての「個性」を見出すことが可能になるのです。

53

画面上でファッションショー!?

自分の服を紹介しよう！

「話すこと（発表）」

時　　間	45分
ICT教材	Keynote
英語表現	What are you wearing? I'm wearing 〜.

ねらい

・自分の着ている服について，英語で伝えることができる。

1　事前準備

　お家にある写真（画像）の中から1番お気に入りの服を着ているものを選び，タブレットに取り込んでおきます。デバイスが学校にしかない場合は写真で用意し，学校で撮影したり，スキャナーアプリで取り込んだりしても構いません。また，デジタルファッションショーは共有されたKeynote上で行います。Keynoteに学級の人数分のページを作っておき，自分のページに作業をしていくという形になります。共有は「スクールワーク」などを使えば簡単にすることができます。ほかにも，ロイロノートなどの共有アプリを使ったり，電子黒板などに映したりしても実施できます。

2　ファッションショーのマイページを作成する（25分）

　割り当てられた自分のページに写真を貼り付け，音声を録音する時間を設けます。

①用意した写真を自分のページに貼り付ける。

② "I'm wearing 〜，〜，〜 and 〜." と，写真の自分が着ている服についての紹介を録音する（"It's cute." など，既習表現を付け加えても構いません）。

3 共有しコメントをつけていく（20分）

Keynote ファイルは共有されている状態なので，いつでも友だちのページを見ることができます。完成した子からどんどんいろんな子のファッションとその説明を聞いて，感想をコメントでペタペタ貼り付けていきましょう。

画面をダブルタップし「コメント」を選択すると，コメントをつけることができます。なお，コメントはプレゼンを再生すると見えなくなるのでどこに貼り付けても邪魔にはなりません。ただし，編集中の子には邪魔になるので出来上がった子同士で見合うように伝えてください。

① Keynote のプレゼンを再生する。
②好きな友だちのページにとび，ファッション画像を見ながら音声を聞く。
※英語表現で間違えている子には直接教えに行ってあげても構いません。
③友だちにコメントをする。
※ファッションのことだけでなく，英語に関することもぜひコメントしてあげるように伝えてください。

活動のポイント

アナログだと，例えば 1 冊の本を同時に編集したり，出来上がった 1 冊の本を一人ひとりが修正したりすることはとても大変ですが，ICT を活用することでそれらはとても簡単になります。

また，コメントを簡単につけることもでき，コメントをもらった子はモチベーションが上がり，さらに英語表現をよりよいものへと改善するようになっていきます。

54

英語のリズムを身につける！

GarageBand で Let's chants!

「読むこと」

時　　間	45分
ICT教材	GarageBand
英語表現	（数字）little monkeys jumping on the bed.

ねらい

・リズムに合わせて英語を読むことができる。

1 "Five Little Monkeys" の範読を聞く（5分）

　まずは教師（またはALT）による読み
聞かせを行います。この絵本は同じような
英文が続くので，子どもたちは聞いている
うちに少しずつ口ずさめるようになってき
ます。そこで，物語の後半になるに従って
少しずつ一定のテンポで読んでいくことで，
より子どもたちの耳に残りやすくなります。

2 "Five Little Monkeys" の歌を歌う（5分）

　"Five Little Monkeys" の絵本はいくつか歌にもなっています。それだ
けリズムに合わせて読みやすいということです。そこで，リズムに合わせて
この絵本をみんなで歌ってみる時間を設けることで，ただ英文を読むだけで
なく，英語のリズムにも慣れ親しめるようにします。

GarageBand でリズムパートを作る（10分）

　自分の読みやすいスピードに合わせてリズムパートを作る時間を設けます。
自分にとって1番テンポ良く英語が読めるようにリズムを工夫させてくださ
い。グループでの活動でも楽しくできます。

"Five Little Monkeys" の録音をする（25分）

　先ほど作ったリズムパートに合わせて"Five Little Monkeys"を録音し
ます。録音をする時，自然と子どもたちは体を使いながらリズムに合わせて
ノリノリで音読をします。
※周りの声が入らないように，できればイヤホンなどをつけさせてください。

活動のポイント

　リズムに乗って英語を読むことは，英語のリズムを体得する上でとても効
果的な方法ですが，子どもたちのリズム感は一人ひとり個性があります。英
語の強弱などの基本は範読を聞いたり全体読みをしたり，歌で練習したりし
ていますが，そこに自分の一番しっくりくるリズムを作ってオリジナリティ
あふれる"Five Little Monkeys"を作ることで，楽しく，気持ちよく英語
を読むことができるようになります。

Chapter3 ICTを活用した5，6年の活動アイデア

55 英語のお手紙を書こう

「書くこと」

時　　間	45分
ICT 教材	CamScanner（スキャナーアプリなら何でも）
英語表現	全単元の英語表現

ねらい

・友だちが喜んでくれるお手紙を英語で書くことができる。

1 事前準備

　Keynote のスライドのサイズをカスタムサイズで「幅595pt 高さ842pt」（A4サイズ縦）に設定して子ども達に配布しておきます。子どもたちがiPad の操作に慣れている場合は，スライドのサイズを自分たちで調整させても構いません。そんなに複雑な操作ではないのですぐにできます。

2 お手紙を書く（25分）

　ここはアナログの活動になります。例えば定期的に外国の小学校とお手紙での交流をしている場合は，普段通りお手紙を書かせます。私が以前に勤務していた学校では，いつもオーストラリアの小学校と手紙交流をさせる際，オーストラリアの日本語の学習と学習単元を合わせて，Writing の練習を兼ねてお手紙を書かせていました。

3 スキャナーアプリで手紙をスキャンする（5分）

　アナログでかいたお手紙をスキャナーアプリで取り込み，画像ファイルとして保存します。

スキャンした手紙を Keynote に取り込む（5分）

　事前準備しておいた Keynote ファイルに，スキャンした手紙を貼り付けます。Ａ４サイズで書かせている場合はぴったりになるはずです。

自分の入れたい画像を自由に手紙に入れる（10分）

　顔写真や，今までに撮影した画像，イラストなどを使い，相手に喜んでもらえるようにデザインをする時間を設けます。

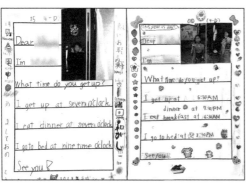

日本からのお手紙　　　　　　　　　　オーストラリアからのお手紙

活動のポイント

　手紙を書かせた後，写真を切ってのりで貼る際，なかなか自分の思い通りの大きさに写真が印刷できなかったり，写真の切り方を失敗したりして何度も印刷するのは大変です。また，一度貼ってしまうとやり直しができません。

　英語を書くことがメインなのですが，子どもたちが書いた手紙に合わせて，しかも何枚も写真を印刷をしていると，それだけで時間がかかってしまいます。英語はきちんと書いた上で，自分たちの好きなようにお手紙をレイアウトできるので，楽しく英語でお手紙作成ができます。

　書く行為自体はアナログですが，そこに ICT の要素を少しプラスすることでよりよい活動になるのです。

56 自動字幕の機能を活用！
自己紹介動画を撮影しよう

「話すこと（発表）」「読むこと」「書くこと」

時　　間	45分
ICT 教材	Clips
英語表現	今までの学習のふりかえり

ねらい

・今までに習った英語表現を使って自己紹介動画を作ることができる。

1　自己紹介動画のスクリプトを書く（10分）

　今までの学習で少しずつ Writing の学習をしていた場合はそれらを参考にしながら，自己紹介動画を作るためのスクリプトを作ります。これは，読みながら話すためではなく，下記の Clips での自動字幕機能を用いた学習につなげるためです。

2　Clips で自己紹介動画を作る（10分）

　Clips で自己紹介動画を撮影します。この時「吹き出しマーク」をタップして自動字幕を入れながらの撮影にすることで，話した英語がそのまま字幕として出てくるようになります。「地球」マークをタップして言語設定を「英語」にすることも子どもに伝えてください。

3　自動字幕を修正する（20分）

　動画を撮り終えたら，1 で書いたスクリプトと見比べます。ここで，もし発音した英語と違う英語が出ていたらもう一度撮影し直すように伝えてください。また，「ピリオド」などを表示するためには入力して修正する方法も

あります。いずれにしてもここで大切なのは、「文字」を見て自分で気づいて修正しようとすることです。

※何度頑張っても字幕に違う英単語が出てきてしまう場合も手動で入力してよいことを伝えてあげてください。

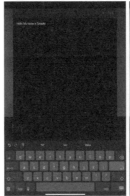

 4 出来上がった動画を共有する（5分）

動画が完成したらみんなで共有する時間を設けます。もしここで友だちの間違いに気づいたら、教えに行ってあげてもよいことを子どもたちに伝えてください。

活動のポイント

Clipsを活用すると、話した英語がそのまま字幕となります。これを活用して英語の「読み」「書き」に慣れ親しむことができます。ただスクリプトを書かせるだけだとどうしても「話す」のではなく「読む」ことを意識してしまうので、今回は話した後に読んで修正をかけるという順番で行います。

自動字幕を修正するという活動があることで、文字を見るということに必然性が生まれます。また「ピリオド」などは後入れになるので、むしろ意識することができ、英文を書くルールの定着にもつながります。

57 外国の小学校と交流！
日本の文化を伝えよう

「話すこと（発表）」

時　間	45分
ICT 教材	FaceTime や Skype などの通信アプリ
英語表現	We have 〜 in Japan.（実態に応じて）

ねらい

・日本の文化を英語で伝えることができる。

1　FaceTime で交流先のアカウントに接続する

　大掛かりなセッティングをしなくても，iPad さえあれば簡単に外国の小学校と交流できます。相手先の小学校に iPad がなくても先生が iPhone などを持っていればできます。Skype であれば iOS でなくても交流できます。

2　日本の文化を伝える（15分）

　Key Sentences を活用し日本の文化が伝わるようなプレゼンをします。各グループ「4択クイズ」のスライドを作り相手の学校にクイズをしてもらう形式にしても構いません。学校の実態に応じてください。

　着物などを事前に相手の学校に送っておき，発表した後に実際に体験してもらうなどの活動があっても面白いですね。

　相手先の先生と私は FaceTime やメールでやりとりしていましたが，なるべく形式的にならず，体験や即興的なやりとり，国際理解の観点など，様々な要素を入れてあげてください。

3 相手の発表を聞く（15分）

　相手の小学校の発表を聞きます。写真は，相手側の小学校が実際に発表している様子を撮影したものです。

4 質問タイムをする（10分）

　今までに学習した英語表現を使って相手の小学校の子どもたちに英語で質問をしたり，相手からの質問に答えたりします。

5 記念撮影をする（5分）

　並び方によっては，こんな記念撮影をすることもできます。

活動のポイント

　実際に会うことはできなくても，最近ではとても簡単に交流ができてしまいます。直接会えることに越したことはないのですが，この活動でも十分に英語を話す必然性があり，子どもたちは頑張って英語やジェスチャー，デモンストレーションなどで一生懸命コミュニケーションをします。こういった場設定を簡単にできるのも，ICTの魅力の1つですね。

58 プレゼンテーションで英語に熱中！
夏休みの思い出を伝えよう

「話すこと（発表）」

時　　間	作成＋練習45分／発表45分　90分（2時間）
ICT 教材	Keynote
英語表現	I went to〜. I enjoyed〜. I ate 〜.

ねらい

・夏休みの思い出を英語でプレゼンすることができる。

1　プレゼンを作成する（30分）

　今回は Keynote を使ったプレゼンを作
成する活動です。プレゼンテーションを作
る際のポイントですが，あくまで話すこと
がメインだということ。私自身 Small
Talk でよくプレゼンアプリを使いますが，
1つのスライドには写真1枚，キーワード
は1つ入れる程度にとどめ，アニメーショ
ンもマジックムーブぐらいしか使いません。

①Key sentences を使ってプレゼンで話すことを考える。

　(Ex) Hello. I'm ○○. I went to my grandparents' house during sum-
mer vacation. I went to the beach near the house. I enjoyed swim-
ming there. I ate shaved ice on the beach. It was very delicious.

②それぞれの文に合うイラストや写真を使ってスライドを作る（1人1台の

環境がある場合は実際の写真を使った方がもちろん伝わりやすいです）。

2　プレゼンの練習をする（15分）

　プレゼンの練習は1人ではなく，必ず友だち同士でやるようにします。そうすることで，お互いが自然と英語の内容やスライド，話し方やジェスチャーなど相手により伝わるようにアドバイスをし合い高め合っていきます。また，クラスの実態に応じてプレゼンの時間を設定しておくことで，子どもたちは勝手にタイマーアプリで何度も何度も練習するようになります。

3　発表会をする（45分）

　作成したスライドを使い，プレゼン発表会をします。

①聞いている子はわかったことや聞き取れた単語などをワークシートに書く。
②感想を交流し合う。

活動のポイント

　スライドを作りプレゼン形式で発表することで，英語だけでなく視覚情報でも相手に伝えることができます。もちろん既習事項のみを使う場合は必要ありませんが，夏休みの思い出など，個々で内容が異なる場合は当然子どもたちの使いたい英語表現も変わってきます。ここで大切なのが，いざ発表をしてもその英語表現を聞いている側が理解できなければ，何の意味もないということです。スライドを作成して発表することで，英語の意味と視覚情報を合わせ，発表内容を推測し，それを理解につなげることができます。結果的に，聞く側も飽きずに最後まで聴くようになるのです。

　この活動は単元の最後の学習ですので，もちろんそれまでにスモールステップで Key Sentences を定着させていく必要があります。

59

オリジナル動画が簡単にできる！

映画をつくってみよう

「話すこと（発表）」

時　　間	3時間
ICT 教材	iMovie/ カメラ ＋ グループに応じて好きなアプリ
英語表現	We are strong. We are good friends.

ねらい

・グループで協力してオリジナル映画を英語で完成させることができる。

1　事前準備

　「桃太郎」に登場する「フルーツ」「動物」「敵」「きび団子」の4つをグループごとに考え，オリジナルムービーのストーリーを考えます。この活動は単元の最後に行う活動ですので，撮影の仕方などはグループごとに創造性を発揮してもらうことにしました。この単元の最初に私は iMovie の「予告編」

ムービー作成機能を用いて「桃太郎」の予告編を作り子どもたちに見せ，その「本編」をみんなで作るという流れにしました。映画完成まで意欲が持続しみんな一生懸命スクリプトを考えることができていました。

2　撮影をする（3時間）

　すでに子どもたちは今までに iPad を活用することに慣れていたので，今回はグループごとに作り方を任せることにしました。グラウンドに飛び出して遊具などで撮影するグループもあれば，Green Screen の前で撮影し後

で背景を付け加えるグループ，PuppetPals で人形劇風の作品を作るグループなど，色々なグループがありました。

　単元の最後に一気に撮影するのではなく１時間ごとに１シーンずつ撮影していくという方法にすることで，メリハリをつけて映画作りができます。私は「桃が流れてくるシーン」「動物に出会うシーン」「鬼ヶ島のシーン」の３つに物語を分けて撮影をする時間を設定しました。

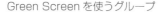

Green Screen を使うグループ

デジタル人形劇をするグループ

3　上映会を行う

　完成したムービーの上映会を行います。それぞれのグループの英語表現やより英語が伝わるための工夫点など，自由に意見交換を行う時間を設けます。

活動のポイント

　最後のプロジェクトに ICT を活用することで，アナログではできない壮大な活動を簡単にすることができます。撮影や編集もタブレットと iMovie などの動画編集アプリがあれば子どもたちだけで簡単にできることに加え，出来上がった時の達成感もとても大きなものになります。

　また，実態に応じてそれぞれのグループで１シーンだけ撮影し，最後に全てのグループをつなげて１つの映画を完成させると言う形でも構いません。その場合は，１シーンだけですので撮影は１時間で十分だと思いますが，学級全体で「フルーツ」「動物」「敵」「きび団子」を導入段階で考え，それをもとにグループごとに考えさせることになります。

60

背景合成で世界中を飛び回る!?

世界を PR する CM を作ろう

「話すこと（発表）」

時　間	90分（2時間）
ICT 教材	Veescope Live Green Screen App または iMovie
英語表現	I want to go to ～. I want to see/ eat/ buy ～. など

ねらい

・自分の行きたい国を紹介することができる。

1 活動に向けて

　この単元の最終プロジェクトとして，クロマキー合成を使った CM 作り
を設定しました。緑の幕（緑の画用紙を貼り合わせたものでも構いません）
の前で CM 撮影をし，その緑の部分を自分が行きたい国の写真にして，あ
たかもその国にいるかのような映像を撮るというものです。

　最終プロジェクトに向けて，子どもたちは調べ学習をしたり台本を自主的に書いたり，CM内で使う実物を用意したりしました。

　こちらで「リハーサルをしましょう」と言わなくても，自分たちでリハーサルをし，英語表現を教え合うなどの姿が見られ，子どもたちにとってとても魅力的な活動だったようです。

　この学習が始まる前に，事前の連絡として背景画にしたい画像を子どもたちに探させて保存しておくように伝えておいてください。

② 世界 PR 動画を撮影する（45分）

　Veescope Live Green Screen App を使ってリアルタイムに合成動画を作ります。

　一人1台タブレットがある場合は，iMovie の「クロマキー合成」機能を使って編集を後にした方がスムーズですし，無料で行えます。撮影方法はとても簡単で，緑の幕の前でただアプリを使って映像を撮るだけです。

3　鑑賞会をする（45分）

　出来上がった動画の観賞会を行います。クオリティが高い動画になるので，全てのグループの動画を見ても退屈せずとても楽しんで最後まで見ることができます。ただ観賞会をするだけでなく，それぞれの発表で聞き取れた英語についても交流する時間を設けてください。

活動のポイント

　自分が実際に行きたい国に行って PR をすることはなかなか難しいですが，学びにリアリティをもたせることはとても大切なことです。子どもたちはこの活動をする前「すごい！ほんまに行ってるみたい！やってみたい！」と，とても盛り上がりました。

　みんなの前でただ発表しても実感が伴わないどころか，ただ緊張して丸暗記した英文を棒立ちのまま言うだけになってしまいます。バーチャル空間に入り込むことで工夫が生まれ，子どもたちの発表の仕方が会話形式・劇形式・ニュース形式などグループによって様々なものになります。

　また，英語が得意な子も退屈せず，むしろクオリティの高い映像作品にしようと頑張ります。得意な子も苦手な子もやる気にさせる楽しい実践ですよ。

楽しい「小学校英語 × ICT」の授業づくり

　数年前，当時の勤務先の教室のテレビがブラウン管のものから液晶テレビに変わった時，私は「iPad をテレビに繋いだら面白いことができるのでは!?」と思い，その数日後に iPad を購入しました。

　最初は写真を拡大して見せたり，理科の実験動画を撮影したりといった使い方しかしていなかったのですが，次第に同僚と「こんなアプリがあるよ！」「これ面白くない!?」のようなコミュニケーションをたくさんとるようになりました。そんな中，グリーンスクリーンによるクロマキー合成の話を聞いた時に，「これなら教室にいながら世界の国々に行くことができるかも！」と思い，それが私のずっと抱いていたあるモヤモヤと結びついたです。

　そのモヤモヤとは子どもたちが英語の授業の中で度々発する「この国，行ってみたい！」「外国の小学生と実際に話してみたいなぁ」という言葉に対して，今まで何もしてあげられなかった自分。「これは！」と思い，早速緑の画用紙を用意して試してみたところ，本当にその国にいるような映像を撮影することに成功しました。

　その後も先生同士で「こうしてみては？」「これ面白い！」と話し合いを進めるうちに，これを使って英語の授業をする日が待ちきれなくなったことを今でも鮮明に覚えています。このワクワクは子どもたちにも伝わったようで，どの子も一生懸命に自分の行ってみたい国のPRを英語で頑張りました。子どもたちの思いや願いを大切に思う気持ちと，それを実現するためのアイデアを先生同士で試したり，共有したりして磨き上げること。そして何より，**先生自身が好奇心を抱き，楽しみながら授業をつくること**で，その楽しさが子どもたちにも伝わり，結果として「楽しい」授業が生まれる1つの要素になるのだと思います。

 Column
オリジナルアプリ
「Rabbits −えいごで言ってみよう−」

　ここでは，私が開発した英語学習アプリ「Rabbits −えいごで言ってみよう−」ついて紹介します。

　このアプリの開発にあたり，私が意識したのは①直感的操作，②単語レベルではなく文というかたまりで定着，③音声認識機能で自己の発音チェック，④文法事項に自ら気付くことができる，⑤自己到達度がわかる，という5点です。以下にこのアプリの使い方を紹介します。

①直感的操作
②単語レベルではなく文というかたまりで定着

　まずは，好きな単元を選択します。すると例えば "What do you want?" のように英語で質問されます。そこで周りにあるイラストを真ん中に動かすと，"I want an apple." のように文が生成されます。

　この時，単元によってはイラストを複数選択することができます。その場合 "I want an apple and a banana." "I want three apples." のように，そのイラストに応じた文が自動生成されます。

③音声認識機能で自己の発音チェック

　右下にあるマイクボタンを押すと，音声認識機能で自分の発音を確認する

ことができます。発音をきちんと意識していれば，示された例文の下に正しい英語表現が出てきます。もし例文が読めない場合は，メガホンボタンで再度英文の発音を聞くことができます。

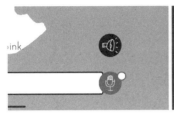

④文法事項に自ら気付くことができる

　仮に正しく英語が認識されても，正解音などは流れません。大切なのは，例文と自分が認識させた英文を照らし合わせ，自分で正解かどうかを判断することなのです。

　ここで例文と照らし合わせることで，細かな文法事項に自分で気づくことができるという仕組みです。

　間違いに気づいたらもう一度録音にチャレンジし，例文と音声入力した英文が同じになれば，右上のキャプチャボタンをタップします。キャプチャボタンを押して，正解できていればマイクボタンの横に「✔（チェックマーク）」がつきます。

⑤自己到達度がわかる

　キャプチャボタンを押すと，「✔」がつくだけでなく，その画面を記録して後から見返すこともできます。記録はそれぞれの単元の左上にあるボタンか，メイン画面の「これまでの記ろく」をタップすると見ることができます。

　単元ごとにいくつの英文を達成できたのかもわかるようになっているので，英語表現の定着度合いも自分で判断できます。図鑑を集めていく感覚に近いものですが，実はこの機能は，達成できた英文の画面を自分たちでスクリーンショットして写真フォルダに保存している子がたくさんいたことをヒントに追加開発しました。

　子どもたちが，写真アプリの中に達成した英文がどんどん溜まっていくことに喜んでいる姿を見て，自己到達度がわかるようにしたのです。

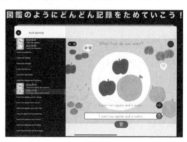

○アプリを使う子どもたちの様子とその効果

　実際に子どもたちは，このアプリを休み時間やおうちでもとても楽しんで使ってくれています。また，学校によっては，朝のモジュールの時間などに日直がこのアプリを操作し，みんなで楽しく英語の文に慣れ親しんでいます。

　タブレットが一人１台環境であっても，学級に１台の環境であっても，色々な学校がそれぞれ工夫をしながら，このアプリケーションを活用してくださっています。

　このアプリケーションを活用することで英文の定着率の向上や文法的なエラーの減少，発音への意識，英語学習への意欲の高まりなど，知識や技能面だけでなく，意欲面においても数多くの効果が確認できました。このアプリ

はただ楽しいだけでなく，しっかりと英語が身につくものとなっています。

○今後の予定

　このアプリケーションは，子どもたちに使ってもらいながら，また時には子どもたち自身の「こんな機能があればいいな！」のような意見も取り入れながら，改良を加えてきました。

　今後の予定としては，さらなる単元の開発に加え "Writing" の判定モードを追加し，4技能をまんべんなく学習できるようにしたり，また子どもたちの音声を保存していけるデジタルポートフォリオ機能を追加したりすることを予定しています。

開発中のアプリを試す子どもたち

　なお，「Rabbits –えいごで言ってみよう–」のダウンロードは下の QR コードよりしていただけます。皆様のお役に少しでも立てればと思い，完全無料で公開させていただいております。ぜひ英語の授業や朝の会，モジュールなど，様々な場面において子どもたちと楽しくご活用ください。

https://apps.apple.com/jp/app/id1450598681

【著者紹介】
東口　貴彰（とぐち　たかあき）
1986年生まれ。
関西大学初等部教諭。元大阪教育大学附属平野小学校教諭。
世界に2,947人いる Apple Distinguished Educator の１人。
主著に，『未来を「そうぞう」する子どもを育てる授業づくりとカリキュラム・マネジメント』（共著，明治図書出版，2019年）『iPad を使った小学校プログラミング実践事例集』（共著，Apple Books, 2018）等がある。

小学校英語サポートBOOKS

小学校英語×ＩＣＴ
「楽しい！」を引き出す活動アイデア60

2020年９月初版第１刷刊 ©著　者	東	口	貴	彰
2022年１月初版第５刷刊　発行者	藤	原	光	政

発行所　明治図書出版株式会社
http://www.meijitosho.co.jp
（企画・校正）新井　皓士
〒114-0023　東京都北区滝野川7-46-1
振替00160-5-151318　電話03(5907)6701
ご注文窓口　電話03(5907)6668

＊検印省略　　　　　組版所　日本ハイコム株式会社

本書の無断コピーは，著作権・出版権にふれます。ご注意ください。

Printed in Japan　　　　ISBN978-4-18-317011-8
もれなくクーポンがもらえる！読者アンケートはこちらから　→